O grehu, pravednosti i osudi

―――― ⚜ ――――

„I kad On dođe pokaraće svet za greh, i za pravdu, i za sud..."

(Jevanđelje po Jovanu 16:8)

―――― ⚜ ――――

Serija svetost i moć (uvod1)

O grehu, pravednosti i osudi

Serije Dvonedeljnih posebnih službi preporoda - 1

Dr. Džerok Li

O grehu, pravednosti i osudi od strane dr. Džeroka Lija
Objavile Urim knjige (Predstavnik: Johnny. H. Kim)
73, Yeouidaebang-ro 22-gil, Dongjak-gu, Seul, Koreja
www.urimbooks.com

Sva prava su zadržana. Ova knjiga ili njeni pojedini delovi ne smeju biti reprodukovani u bilo kojoj formi, ili biti smešteni u bilo kom renta sistemu, ili biti transmitovana bilo kojim načinom, elektronski, mehanički, fotokopiranjem, snimanjem, ili slično, bez prethodnog pismenog ovlašćenja izdavača.

Ukoliko nije drukčije navedeno, svi Biblijski navodi uzeti su iz Svetog Pisma, NOVA AMERIČKA STANDARDNA BIBLIJA, ®, Autorska Prava© 1960, 1962, 1963, 1968, 1971, 1972, 1973, 1975, 1977, 1995 od strane The Lockman Foundation. Korišćeno uz dozvolu.

Autorska prava © 2015 od strane dr. Džerok Lija
ISBN: 979-11-263-1174-3 03230
Prevodilačka Autorska Prava © 2013, dr. Ester K. Čung (Dr. Esther K. Chung). Korišćeno uz dozvolu.

Prvo izdanje u Decembru 2023.god.

Prethodno objavljeno u Koreji 2011.god., od strane Urim Knjiga u Seulu, Koreja

Uredila dr. GeumsunVin
Dizajnirao urednički biro Urim Books
Za više informacija kontaktirajte: urimbook@hotmail.com

Primedba autora

Molitva da će čitaoci postati pravedne osobe koje primaju Božju veliku ljubav i blagoslove...

Kada je veliki reformista Martin Luter bio mlad, doživeo je traumatično iskustvo. Jednog dana, dok su on i njegov prijatelj stajali ispod drveta da bi se sakrili od kiše, drvo je pogodila munja a njegov prijatelj, koji je bio odmah do njega, umro je. Zbog ovog događaja, Luter je postao monah i on je patio zbog straha od Boga koji sudi i osuđuje greh. Iako je dosta vremena provodio u ispovedaonici, on nije mogao da pronađe rešenje za problem greha. Ma koliko da je studirao Bibliju, on nije mogao da pronađe odgovor na pitanje: „Kako nepravedan čovek može da ugodi pravednom Bogu?"

Onda je jednog dana, dok je čitao jedno od Pavlovih pisama, konačno našao mir koji je toliko dugo tražio. Navedeno je u Poslanici Rimljanima 1:17: „Jer se u Njemu javlja pravda Božija iz vere u veru, kao što je napisano: „Pravednik će od vere živ biti."" Luter je bio oduševljen „Božjom pravednošću." Čak iako je do ovoga trenutka poznavao samo pravednost Božju koja sudi svim ljudima, on je sada razumeo pravednost Božju koja slobodno daje oproštaj greha svim ljudima koji veruju u Isusa Hrista, a On čak i naziva njih „pravednima." Nakon ovog shvatanja, Luter je živeo u večnoj strasti za istinom.

Na ovaj način, Bog ne priznaje samo one koji veruju u Isusa Hrista kao „pravedne;" već On im daje Svetog Duha kao dar kako bi mogli da znaju o grehu, pravednosti i osudi, da bi mogli slobodno da se povinuju Bogu i ispune Njegovu volju. Prema tome, mi ne treba da se zaustavimo kada primimo Isusa Hrista i kada smo nazvani pravednima. Veoma je važno da postanemo zaista pravedna osoba dok odbacujemo greh i zlo koje je u nama uz pomoć Svetog Duha.

U poslednjih 12 godina Bog je dozvoljavao da se u našoj crkvi održavaju dvonedeljne posebne službe preporoda svake godine da bi svi članovi crkve mogli da prime blagoslov u postajanju pravedne osobe kroz veru. On nas je vodio do te tačke gde smo mogli da primimo odgovore na sve vrste naših molitva koje smo Njemu darovali. On nas je takođe vodio da razumemo različite dimenzije duha, dobrote, svetlosti i ljubavi, kako bi mogli da primimo Božju moć u našim životima. A sa svakom godinom, kako smo koračali sa našom verom ka svetosti i moći, Bog je blagoslovio mnoge ljude svih nacija da iskuse moć Božju koja je zapisana u Bibliji i koja prevazilazi vreme i prostor.

Mi smo objavili serije službi preporoda: „Svetost i moć," koje sadrže poruku Božjeg dubokog proviđenja, kako bi čitaoci mogli da sistematski uče o njima. Poruke preporoda od prve tri godine služe kao jedan „Uvod." One se odnose na to kojim putem treba da se ide ka iskrenoj pravednosti uklanjajući zid greha koji stoji između nas i Boga. Onda, poruke od narednih četiri godina uče o delima prema svetosti i moći, koje služe kao „Srž poruke." Na kraju, poruke od poslednjih pet godina stoje za to kako iskusiti Božju moć uz praktikovanje Reči. To će služiti kao deo „Molbe" ovog izdanja.

Danas, postoje mnogi ljudi koji nastavljaju sa njihovim životom a da čak i ne znaju šta je greh, i o čemu se radi u osudi. Čak i oni koji idu u crkvu nemaju sigurnost u spasenju i oni žive svetovnim životom-baš kao i svi ostali u svetu. Šta više, oni ne vode hrišćanski život koji je pravedan u skladu sa Bogom, već pravednost koja je u skladu sa onim što oni smatraju pravednim. Tako da O grehu, pravednosti i osudi je prva knjiga serija ceremonije Svetost i moć koja se odnosi na to kako mi možemo da vodimo uspešan hrišćanski život dok primamo oproštaje za naše grehove i dok ispunjavamo pravednost Božju u našim životima.

Da bi potvrdio učenje sa dokazom Njegove moći, na prvoj sednici prvog dana našeg preporoda 1993. godine, Bog je obećao blagoslov začeća na desetine parova koji su bili venčani 5-6 godina, čak i onima koji su više od 10 godina čekali na začeće. Do kraja službe preporoda, većina svih ovih parova zatrudnela je i počela da podiže porodice.

Ja bih želeo da se zahvalim GeumsunVin, direktorki uredničkog biroa i njenom osoblju za njihov naporan rad u objavljivanju i izradi ove knjige i ja se molim u ime Gospoda da mnogi ljudi koji čitaju ovu knjigu mogu da reše njihov problem greha i tako prime odgovore na njihove molitve!

Mart 2009.god.
Džerok Li

Uvod

Ova knjiga sa naslovom O grehu, pravednosti i osudi, sadrži pet poglavlja posvećena svakoj temi o grehu, pravednosti i osudi. Ova knjiga do detalja objašnjava kako jedan može da nađe rešenje na problem greha, kako jedan može da živi život u blagoslovima postajući pravedna osoba i kako jedan može da izbegne osudu koja dolazi i umesto toga uživa u večnim blagoslovima.

Prvo poglavlje o grehu naziva se „Spasenje." Ono objašnjava kako čovek treba da bude spasen i pravo značenje metode u primanju spasenja. Poglavlje koje odmah sledi „Otac, Sin i Sveti Duh," vodi čitaoca ka ispravom razumevanju kako Božja moć i vlast, ime Isus Hrist i vođstvo Svetog Duha svi zajedno rade kao Trojedini Bog, kako bi jedan mogao da primi čisto rešenje na problem greha i ispravno hoda ka putu spasenja.

Poglavlje sa naslovom „Dela mesa" analizira i objašnjava temu zida greha koji stoji između čoveka i Boga. Sledeće poglavlje sa naslovom „Rodite dakle rod dostojan pokajanja," objašnjava važnost ubiranja plodova dostojno pokajanja kako bi se dostiglo potpuno spasenje kroz Isusa Hrista.

Poslednje poglavlje o grehu, sa naslovom „Mrzeći na zlo držite se dobra," uči čitaoca da odbaci zlo koje ne ugađa Bogu i da čini sa dobrotom u skladi sa Rečju istine.

Sledeće, prvo poglavlje koje se odnosi na „Pravednost koja vodi ka životu," jasno objašnjava kako mi-celo čovečanstvo-primamo večni život kroz pravedna dela Isusa Hrista. U poglavlju sa naslovom „Pravednost će živeti sa verom" objašnjava se važnost shvatanja da spasenje može da se primi samo kroz veru; prema tome razlog zašto mi moramo da zadržimo iskrenu veru."

Poglavlje 8 „Povinovanje u Hristu" objašnjava da jedam mora da razruši telesne misli i teorije i samo se povinuje Hristu kako bi mogao da ima iskrenu veru i uživa u naprednom životu punom blagoslova i odgovora na molitve. Poglavlje 9 „Onaj koga je Gospod pohvalio" izbliza gleda na živote nekoliko patrijarha u veri, dok uči čitaoca kako mora jedan da čini kako bi postao osoba koja je pohvaljena od Boga. Poslednje poglavlje o pravednosti, ima naslov „Blagoslov." To je posmatranje života i vere Avrama-oca vere i semena blagoslova-praćenog praktičnim primerima u kojem vernik može da uživa u životu blagoslova.

Prvo poglavlje o osudi, sa naslovom „Greh u nepovinovanju Bogu," istražuje posledice koje slede kada čovek počini greh dok ide protiv Boga. Sledeće poglavlje „Hoću da istrebim sa zemlje ljude," opisuje Božju osodu koja će uslediti kada bezakonje čoveka dosegne ograničenja.

Poglavlje sa naslovom „Ne idite protiv Njegove volje," govori čitaocu da Božja osuda dolazi kada jedan ide protiv volje Božje; da oni moraju da razumeju koliko je veliki blagoslov povinovati se Božjoj volji i postati pokoran Bogu. U poglavlju sa naslovom „Ovako veli Gospod nad vojskama," autor do detalja objašnjava kako jedan može da primi isceljenje i odgovore na molitve. On takođe objašnjava važnost da se popstane pravedna osoba koja se plaši Boga.

I poslednje poglavlje „O grehu, pravednosti i osudi," otključava put gde se rešava problem greha; postaje se pravedna osoba; sreće se živi Bog; put da se izbegne Konačni sud koji dolazi; i dobija se život večnih blagoslova.

Ova knjiga objašnjava specifične načine u kojima mi koji smo primili Isusa Hrista i koji smo primili Svetog Duha možemo da primimo spasenje i večni život, odgovore na naše molitve i blagoslove. Ja se molim u ime Gospoda da kroz ovu knjigu mnogi ljudi postanu pravedni muškarci i žene koji udovoljavaju Bogu!

Mart 2009.god.

GeumsunVin
Direktorka izdavačkog biroa

Sadržaj

Primedba autora
Uvod

1 deo O grehu...

Poglavlje 1 Spasenje · 3

Bog stvoritelj i čovek
Zid greha između Boga i čoveka
Pravo značenje spasenja
Metoda sapasenja
Proviđenje spasenja kroz Isusa Hrista

Poglavlje 2 Otac, Sin i Sveti Duh · 13

Ko je Bog Otac?
Bog Otac - vrhovni rukovodilac ljudske kultivacije
Ko je Sin, Isus Hrist?
Isus Hrist Spasitelj
Ko je Sveti Duh, Utešitelj?
Dela Svetog Duha, Utešitelja
Trojedini Bog ispunjava proviđenje spasenja

Poglavlje 3 Dela mesa · 27

Stvari od mesa i dela mesa
Dela mesa koja sprečavaju čoveka da nasledi kraljevstvo Božje
Evidentna dela mesa

Poglavlje 4 „Rodite dakle rod dostojan pokajanja." · 47

Porodi aspidini
Brati plodove u skladu sa pokajanjem
Ne verujte da je Avram vaš otac
„Svako dakle drvo koje ne rađa rod dobar, seku i u oganj bacaju."
Plodovi u skladu sa pokajanjem
Ljudi koji ubiraju plodove u skladu sa pokajanjem

Poglavlje 5 „Mrzeći na zlo držite se dobra." · 63

Kako se zlo prikazuje kao greh
Odbaciti zlo i postati osobe od dobrote
Zlobne i preljubnički nastrojene generacije koje žude za znakom
Oblici zla kojih treba da se gadimo

Rečnik 1

2 deo O pravednosti...

Poglavlje 6 Pravednost koja vodi ka životu · 83

Pravednost prema Bogu
Jedno delo pravednosti koje spašava celo čovečanstvo
Početak pravednosti je verovanje u Boga
Pravednost Isusa Hrista koju moramo da imitiramo
Način na koji se postaje pravedna osoba
Blagosovi za pravedne

Poglavlje 7 Pravednost će živeti sa verom · 97

Postati odista pravedna osoba
Zašto mi moramo da postanemo pravedni?
Pravednost će živeti sa verom
Kako posedovati duhovnu veru
Načini kako da se živi sa verom

Poglavlje 8 Povinovanje u Hristu · 109

Telesne misli koje su neprijateljski naklonjene prema Bogu
„Samopravednost" - jedna od glavnih telesnih misli
Apostol Pavle je pogazio njegove telesne misli
Pravednost koja potiče od Boga
Saul se nije povinovao Bogu sa telesnim mislima
Načn da se ispuni Božja pravednost kroz veru

Poglavlje 9 Onaj koga je Gospod pohvalio · 123

Onaj koga je Gospod pohvalio
Biti priznat od Boga
Zakovite vaše strasti i želje na krst
Patijarsi koji su bili pravedni pred Bogom

Poglavlje 10 Blagoslov · 137

Avram, otac vere
Bog smatra veru za pravednom i daje Njegov blagoslov
Bog pravi kvalitetne posude kroz iskušenja
Bog priprema izlaz, čak i za vreme iskušenja
Bog daje blagoslove čak i za vreme iskušenja
Avramove osobine posude

Rečnik 2,3

3 deo O osudi...

Poglavlje 11 Greh u nepovinovanju Bogu · 155

Adam, čovek koji je stvoren po Božjem liku
Adam jede zabranjeno voće
Rezultat Adamovog nepovinovanja Bogu
Razlog zbog kojeg je Bog postavio drvo spoznaje dobra i zla
Način kako se osloboditi od kletve koju je uzrokovao greh
Rezultat Saulovog greha u nepovinovanju prema Bogu
Rezultat Kainovog greha u nepovinovanju prema Bogu

Poglavlje 12 „Hoću da istrebim sa zemlje ljude" · 167

Razlika između zle osobe i dobre osobe
Zašto dolazi Božji sud
* Zato što je čovekovo bezakonje bilo veliko
* Zato što je misao srca zlobna
* Zato što je svaka namera srca uvek zla
Izbeći Božju osudu

Poglavlje 13 Ne idite protiv Njegove volje · 179

Osuda dolazi kada mi stojimo protiv Božje volje
Ljudi koji su išli protiv Božje volje

Poglavlje 14 „Ovako veli Gospod nad vojskama…" · 193

Bog odbacuje ponosne
Ponos kralja Jezekilja
Ponos vernika
Ponos lažnih proroka
Osuda za ljude koji čine sa ponosom i zlobom
Blagoslovi pravednih koji se plaše Boga

Poglavlje 15 O grehu, pravednosti i osudi · 203

O grehu
Zašto On sudi o grehu
O pravednosti
Zašto On sudi o pravednosti
O osudi
Sveti Duh osuđuje svet
Odbacite greh i živite život u pravednosti

Rečnik 4

O grehu

„... za greh, dakle, što ne veruju Mene;"
(Jevanđelje po Jovanu 16:9)

„Nećeš li biti mio, kad dobro činiš? A kad ne činiš dobro, greh je na vratima; a volja je njegova pod tvojom vlašću, i ti si mu stariji." (Postanak 4:7)

„Samo poznaj bezakonje svoje, da si se odmetnula Gospodu Bogu svom, te si tumarala k tuđima pod svako drvo zeleno, i niste slušali glas moj, veli GOSPOD." (Jeremija 3:13)

„Zaista vam kažem, svi gresi oprostiće se sinovima čovečjim, i huljenja na Boga, makar kakva bila; a koji pohuli na Duha Svetog nema oproštenja vavek, nego je kriv večnom sudu." (Jevanđelje po marku 3:28-29).

„Nego da znate da vlast ima Sin Čovečiji na zemlji opraštati grehe, reče uzetome: „Tebi govorim: ustani i uzmi odar svoj i idi kući svojoj."" (Jevanđelje po Luki 5:24).

„A potom ga nađe Isus u crkvi i reče mu: „Eto si zdrav, više ne greši, da ti ne bude gore." (Jevanđelje po Jovanu 5:14)

„Ne znate li da kome dajete sebe za sluge u poslušanje, sluge ste onog koga slušate, ili greha za smrt, ili poslušanja za pravdu?" (Poslanica Rimljanima 6:16)

„Dečice moja, ovo vam pišem da ne grešite. I ako ko sagreši, imamo zastupnika kod Oca, Isusa Hrista pravednika, i On očišća grehe naše, i ne samo naše nego i svega sveta." (1. Jovanova Poslanica 2:1-2)

Poglavlje 1

Spasenje

„Jer nema drugog imena pod nebom danog ljudima kojim bi se mi mogli spasti."
(Dela Apostolska 4:12)

Na ovoj zemlji, u zavisnosti od religije i kulture, ljudi bogosluže različitim vrstama idola; postoji čak i idol nazvan „bog koga ne poznajemo" (Dela Apostolska 17:23). Danas, religija nazvana „Religija nastanka," religija stvorena od spoja doktrine mnogih religija, privlači mnogo pažnje, i mnogi ljudi su prihvatili „religiju mnoštva," koja se zasniva na filozofiji da postoji spasenje u svim religijama. Međutim, Biblija nam govori da je Bog Stvoritelj jedan pravi Bog i da je Isus Hrist jedan i jedini Spasitelj (Knjiga Ponovljenog Zakona 4.39; Jevanđelje po Jovanu 14:6; Dela Apostolska 4:12).

Bog Stvoritelj i čovek

Bog definitivno postoji. Baš kao što mi postojimo jer smo rođeni od naših roditelja, čovečanstvo postoji na ovom svetu zato što nas je Bog stvorio.

Kada mi pogledamo na mali sat, mi vidimo da sitni delovi međusobno zajedno rade da bi nam odredili vreme. Ali niko neće da pogleda na sat i da pomisli da je vreme samo po sebi slučajno postavljeno. Čak i mali sat može da postoji na zemlji zato što ga je neko dizajnirao i stvorio. Onda, šta je sa univerzumom? Neuporedivo sa malim satom, univerzum je toliko složen i toliko bezgraničan da ljudska misao ne može da zamisli njegove misterije niti čak da shvati njegove mere. Činjenica da solarni sistem, koji je samo jedan mali deo univerzuma, radi tako tačno bez i najmanje greške, čini da je veoma teško da ne verujemo u Božje stvaranje.

Ljudsko telo je isto. Svi organi, ćelije i mnogi drugi elementi su sastavljeni toliko savršeno i rade zajedno toliko precizno da su njihov raspored i funkcije pravo čudo. Ipak, uz sve ono što je čovek otkrio o ljudskom telu je samo delić onoga što tek treba da se otkrije. Tako da, kako možemo da kažemo da je ljudska anatomija tek tako nastala?

Dozvolite mi da podelim sa vama jednostavan primer koji će svako prepoznati. Na licu osobe, postoje par očiju, jedan nos, par nozdrva, jedna usta i par uveta. Njihov raspored je takav da su oči na samom vrhu, nos je na sredini usta su ispod nosa a uši su smeštene na obe strane lica. Ovo je isto bilo da smo crnci, belci ili Azijci. Ono nije istina samo za ljude. Ovo isto važi i za životinje kao što su lavovi, tigrovi, slonovi, kučići i tako dalje, i za ptice, poput orlova, golubova, čak i za ribe.

Da je Darvinova teorija bila istinita, životinje, ptice i ljudska bića evoulirala bi svaka na svoj sopstveni način u skladu sa njihovim okruženjima. Ali zašto su izgled i raspored lica toliko slični? Ovo je neoboriv dokaz da je jedan i jedini Bog Stvoritelj dizajnirao i stvorio sve nas. Činjenica da smo mi svi stvoreni po istom liku pokazuje nam da Stvoiritelj nije nekoliko bića, već jedno biće.

Na početku ja sam bio ateista. Čuo sam da ljudi govore ako ideš u crkvu možeš da dobiješ spasenje. Međutim, ja nisam čak ni znao šta je to spasenje, niti kako da ga primim. Onda jednog dana, moj želudac je prestao da funkcioniše zbog preteranog alkohola i na kraju ja sam morao da provedem sledećih sedam godina veza za krevet i bolestan. Svako veče, moja majka je sipala vodu u posudu, gledala je ka Velikom medvedu, trljala je ruku o ruku, molila se i molila za moje isceljenje. Ona je čak dala i ogromnu novčanu sumu u budistički hram, ali moja bolest se sve više pogoršavala. Ja nisam bio spašen iz ove očajne situacije sa Velikim medvedom niti me je spasio Buda. To je bio Bog. U trenutku kada je moja majka čula da sam isceljen kako sam otišao u crkvu, ona je odbacila sve njene idole i počela je da ide u crkvu. Ovo je bilo zbog toga što je shvatila da je samo Bog jedan iskreni Bog.

Zid greha između Boga i čoveka

Uprkos činjenici da postoji toliko jasan dokaz da Bog

Stvoritelj, koji je stvorio nebesa i zemlju postoji, zbog čega ljudi ne veruju u Njega niti Njega sreću? To je zato što postoji zid greha koji blokira odnos između Boga i čoveka. Zbog toga što je Bog Stvoritelj pravedan i On nema ni jedan greh, ako mi imamo greg, mi ne možemo da komuniciramo sa Njim.

Obično postoje ljudi koji misle: „Ja nemam ni jedan greh." Baš kao što mi ne možemo da vidimo fleku na našoj majci dok stojimo u mračnoj sobi, ako mi stojimo u sredini tame koja je neistina, mi ne možemo da vidimo naše grehove. Tako da, ako mi kažemo da verujemo u Boga a ipak su naše duhovne oči još uvek zatvorene, onda mi ne možemo da otkrijemo naše grehove. Mi samo beznačajno idemo i odlazimo iz crkve. Rezultat? Mi idemo u crkvu 10 ili više od 20 godina a da nismo sreli Boga i da nismo dobili odgovore ni na jednu našu molitvu.

Bog ljubavi želi da se sretne sa nama, razgovara sa nama i odgovori nam na naše molitve. Zbog toga Bog iskreno traži od svakog od nas: „Molim te razbi zid greha koji stoji između tebe i Mene da bi mogli slobodno da podelimo razgovor ljubavi. Napravi Meni prostor da uklonim bol i patnju sa kojom se sada suočavaš."

Hajde da kažemo da malo dete pokušava da provuče konac kroz iglu. Ovo je složen zadatak za malo dete. Ali, ovo je relativno lak zadatak za detetove roditelje. Ali bez obzira koliko roditelj želi da pomogne detetu, ako je ogroman zid između njih, roditelj ne može da pomogne svom detetu. Slično tome, ako ogroman zid stoji između nas i Boga, mi ne možemo da dobijemo odgovore na naše molitve. Tako da prvo i osnovno, mi moramo da rešimo problem greha a onda mi moramo da primimo poslednje rešenje u najvažnijem problemu spasenja.

Pravo značenje spasenja

U našme društvu, reč „spasenje" se koristi na različite načine. Ako pomognemo osobi koja se davi ili pomognemo nekome da se oporavi od poslovnog neuspeha ili nekom sa porodičnom krizom, mi ponekad kažemo da smo ih „spasili." Onda, šta Biblija naziva „spašenim?" Prema Bibliji, to je uzdizanje čovečanstva od greha. Naime, ona ih dovodi do granica mesta gde Bog želi da oni budu, gde mogu da dobiju rešenje na problem greha i uživaju u večnoj radosti na Nebesima. Tako da ako ga stavimo u duhovne izraze, ulazak ka spasenju je Isus Hrist, a kuća spasenja su Nebesa, ili Božje kraljevstvo.

U Jevanđelju po Jovanu 14:6, Isus je rekao: „Ja sam put i istina i život; niko neće doći k Ocu do kroza Me." Prema tome spasenje je otići na Nebesa kroz Isusa Hrista.

Mnogi ljudi se preobražavaju u hrišćanstvo i naglašavaju važnost dobijanja spasenja. Tako da zašto nam je potrebno spasenje? To je zato što su naši duhovi besmrtni. Kada ljudi umru, njihova duša i duh se odvajaju od tela a oni koji su primili spasenje idu na Nebesa a oni koji nisu dobili spasenje idu u Pakao. Nebesa su Božje kraljevstvo gde je večna radost, a pakao je mesto večnog bola i patnje, koje sadrži jezero gorućeg sumpora (Otkrivenje Jovanovo 21.8).

Zato što su Nebesa i Pakao mesta koja zaista postoje, postoje ljudi koji su videli Nebesa i Pakao kroz vizije i postoje ljudi čiji su duhovi zaista posetili ova mesta. Ako neko misli da ovi ljudi lažu, onda su oni samo tvrdoglavi. Pošto Biblija jasno objašnjava o oba i Nebesima i Paklu, mi treba da verujemo. Biblija, za razliku od drugih knjiga, sadrži poruku spasenja-reči Boga Stvoritelja. Biblija zapisuje stvaranje čovečanstva i kako je do sada Bog činio. Ona jasno objašnjava kompletan proces kako je čovek zgrešio, bio korumpiran i postao predmet večne smrti i kako ga je Bog spasio. Ona beleži događaje iz prošlosti, sadašnjosti i budućnosti i Božju poslednju osudu na kraju vremena. Da, važno je da živimo mirno bez problema na ovoj zemlji. Međutim, upoređujući sa nebesima, život koji živimo na ovoj zemlji je veoma kratak i privremen. Deset godina izgleda kao dugačak period, ali ako pogledamo unazad, to izgleda kao da je tek juče. Ostatak našeg vremena ovde na zemlji je isti. Iako osoba može da živi i naporno radi da bi stekla mnogo stvari, one će sve isčeznuti kada se ljudski život ovde na zemlji završi. Tako da, čemu su one dobre?

Bez obzira na to koliko posedujemo ili koliko smo stekli, mi to ne možemo da ponesemo sa nama u večni svet. A čak iako steknemo slavu i moć, kada umremo, sve će to na kraju nestati i biće zaboravljeno.

Metoda sapasenja

Dela Apostolska 4:12: „Jer nema drugog imena pod nebom danog ljudima kojim bi se mi mogli spasti." Biblija nam govori da je Isus Hrist jedini Spasitelj koji nas može da spasi. Onda zašto je spasenje moguće samo u ime Isusa Hrista? Ovo je zato što problem greha mora da bude rešen. Da bismo lakše ovo razumeli, vratimo se u vreme Adama i Eve, korena ljudskog roda.

Nakon što je stvorio Adama i Evu, Bog je dao Adamu moć i

slavu da vlada nad svim stvorenim stvarima. I dugo vremena, oni su živeli u izobilju u Edemskom vrtu sve dok nisu upali u zamku zmije otrovnice i jeli sa drveta spoznaje dobra i zla. Nakon što se nisu povinovali Bogu jer su jeli plod koji im je Bog zabranio, greh je ušao u njih (Postanak 3:1-6).

Poslanica Rimljanima 5:12 navodi: „Zato, kao što kroz jednog čoveka dođe na svet greh, i kroz greh smrt, i tako smrt uđe u sve ljude, jer svi sagrešiše." Zbog Adama, greh je došao na ovu zemlju i celo čovečanstvo je počelo da ima greh. Tako da kao rezultat, smrt je došla do celog čovečanstva.

Bog nije tek tako spasio ove ljude od greha bez ikakvih uslova. Poslanica Rimljanima 5:18-19 kaže: „Zato, dakle, kao što za greh jednog dođe osuđenje na sve ljude, tako i pravdom jednog dođe na sve ljude opravdanje života. Jer kao što neposlušanjem jednog čoveka postaše mnogi grešni, tako će i poslušanjem jednog biti mnogi pravedni."

Ovo znači da baš kao što je celo čovečanstvo postalo grešno zbog jednog čoveka Adama, kroz povinovanje jednog čoveka, tako celo čovečanstvo može biti spašeno. Bog je glava svih stvorenih stvari, ali On čini da se sve stvari dešavaju na prikladan način (1. Korinćanima Poslanica 14:40); prema tome On je pripremio jednog čoveka koji ima sve kvalifikacije da bude Spasitelj-a to je Isus Hrist.

Proviđenje spasenja kroz Isusa Hrista

Među duhovnim zakonima, postoji zakon koji kaže: „plata za greh je smrt"(Poslanica Rimljanima 6:23). Sa druge strane, postoji zakon koji otkupljuje jedanog od ovog greha. Ono što je direktno povezano sa ovim duhovnim zakonom je zakon o otkupu zemlje u Izraelu. Ovaj zakon dozvoljava osobi da proda zemlju, ali ne za stalno. Ako osoba proda svoju zemlju zbog ekonomskih nevolja, u bilo koje vreme, drugi od njegovih bogatijih rođaka može uvek da je otkupi od njega. A ako nema bogate rođake koji to mogu da učine za njega, on uvek može da odkupi nazad kada i ako ponovo stekne bogatstvo (Levitski Zakonik 25:23-25).

Otkup od greha deluje na isti način. Ako je neko kvalifikovan da otkupi njegovog brata od greha, on to može. Ali ma ko god da je, taj neko mora da plati cenu greha.

Ali, kao što je zapisano u 1. Korinćanima Poslanici 15:21: „Jer budući da kroz čoveka bi smrt, kroz čoveka i vaskrsenje mrtvih" onaj koji nas može da spasi od greha mora da bude čovek. Zbog toga je Isus došao na ovu zemlju u telu-u obliku čoveka koji je postao grešnik.

Osoba koja sama po sebi ima dugove nema mogućnost da plati dug za nekoga drugog. Slično tome, osoba sa grehom ne može da otkupi čovečanstvo od greha. Osoba ne nasleđuje samo fizičke karakteristike i osobine ličnosti od njegovih roditelja, već takođe i njihovu grešnu prirodu. Ako posmatramo malo dete i vidimo drugo dete sedi u krilu majke prvog deteta, tom detetu će biti neprijatno i pokušaće da odgurne to dete iz majčinog krila. Čak iako ga niko to nije naučio da radi, ljubomora i bes sasvim prirodno izlaze iz njega. Neke bebe, kada postanu gladne i kada nisu hranjene na pravilan način, počinju neprestano da plaču. Ovo je zbog grešne prirode besa koju su nasledili od njihovih roditelja. Ove vrste grešne prirode koje ljudi nasleđuju od njihovih roditelja kroz njihovu životnu silu nazivaju se „prvobitan greh." Svi potomci Adama su rođeni sa prvobitnim grehom; tako da niko ne može otkupiti nikoga od greha.

Međutim, Isus je rođen kroz začeće Svetog Duha, tako da On nije nasledio prvobitan greh od niijednog roditelja. A dok je On rastao, On se povinovao svim zakonima; prema tome On nije počinio ni jednu vrstu greha. U duhovnom kraljevstvu, biti bez greha na ovaj način je ispravno.

Isus je primio kaznu razapeća sa radošću zato što je imao vrstu ljubavi da nije štedeo čak ni Njegov sopstveni život da bi otkupio čovečanstvo od greha. Kako bi otkupio ljude od kletve Zakona, On je umro na drvenom krstu (Poslanica Galaćanima 3:13) i prolio je Njegovu krv koja nije bila ukaljana prvobitnim grehom niti samopočinjenim grehom. On je platio za sve grehove celog čovečanstva.

Kako bi spasio grešnike, Bog nije čak ni poštedeo život Njegovog jednog i jedinog Sina od smrti na krstu. Ovo je velika ljubav koju je On nama podario. I Isus je dokazao Njegovu ljubav za nas kada je dao Njegov sopstveni život kako bi postao mirovna ponuda između nas i Boga. Pored Isusa, ne postoji niko ko ima ovakvu vrstu ljubavi, ili moć da nas otkupi od greha. Ovo su razlozi zašto je samo kroz Isusa Hrista moguće da mi dobijemo spasenje.

Poglavlje 2

Otac, Sin i Sveti Duh

„A utešitelj, Duh Sveti, kog će Otac poslati u ime Moje, On će vas naučiti svemu i napomenuće vam sve što vam rekoh."
(Jevanđelje po Jovanu 14:26).

Ako pogledate u Postanak 1:26, koji kaže: „Potom reče Bog: „Da Mi načinimo čoveka po svom obličju..." Ovde, „Mi" označava Trojedinog Boga-Oca, Sina i Svetog Duha. Iako se svaka od uloga Oca, Sina i Svetog Duha u razvijanju čoveka i ispunjavanju proviđenja spasenja razlikuje, zato što je Trojica po poreklu jedan, Oni su nazvani Sveto Trojstvo ili Trojedini Bog.

Ovo je veoma važna doktrina hrišćanske vere, a zato što je to tajna poruka o poreklu Boga Stvoritelja, veoma je teško u potpunosti razumeti koncept sa ograničenom ljudskom logikom ili znanjem. Međutim, da bi rešili problem greha i primili potpuno spasenje, mi moramo da imamo tačno znanje o Trojedinom Bogu Ocu, Bogu Sinu i Bogu Svetom Duhu. Samo kada budemo imali ovo razumevanje, mi možemo u potpunosti da uživamo u blagoslovima i vlašću što jesmo Božja deca.

Ko je Bog Otac?

Iznad svega ostalog, Bog je Stvoritelj univerzuma. Poglavlje 1 u Postanku, prikazuje kako je Bog stvorio univerzum. Od potpunog ništavila, Bog je sa Njegovom Rečju za šest dana stvorio nebesa i zemlju. Onda je šestog dana, Bog stvorio Adama, oca čovečanstva. Samo dok posmatramo redosled i harmoniju u svemu što je stvoreno, mi možemo da znamo da je Bog živ i da postoji jedan Bog Stvoritelj.

Bog je sveznajući. Bog je svaršen i On sve zna. Prema tome, On nam dozovoljava da znamo o budućim događajima kroz prorokovanje od strane ljudi koji imaju blizak odnos sa Njim (Amos 3:7). Bog je takođe svemoguć i može sve da učini. Zbog toga Biblija ima mnoge zapise o brojnim znakovima i čudima koji ne mogu da budu ispunjeni sa ljudskom moći i sposobnostima.

Takođe, Bog sam po Sebi postoji. U Izlasku u poglavlju 3, mi nailazimo na mesta gde se Bog pojavljuje pred Mojsija. U zapaljenom žbunu Bog ga poziva da postane vođa Izlaska iz Egipta. U to vreme, On govori Mojsiju: „JA SAM ONAJ ŠTO JESTE." On je objašnjavajo jednu od Njegovih osobina, što je Njegovo samopostojanje. Ovo znači da niko nije stvorio, niti je rodio Boga.

On je Sam postojao još pre početka.

Bog je takođe autor Biblije. Ali zato što Bog Stvoritelj daleko prevazilazi čoveka, veoma je teško u potpunosti objasniti iz ljudske perspektive Njegovo postojanje. Ovo je zato što je Bog beskonačno biće; sa ograničenim shvatanjem, čovek ne može u potpunosti da zna sve o Njemu.

U Bibliji, mi možemo da vidimo da se Bog Otac naziva različito, u zavisnosti od situacije. U Izlasku 6:3, govori se: „I javio Sam se Avramu, Isaku i Jakovu imenom Bog Svemogući, a imenom Svojim, GOSPOD, ne bih im poznat." A u Izlasku 15:3, zapisano je: „GOSPOD je velik ratnik; ime Mu je GOSPOD." Ime „GOSPOD" ne znači samo „onaj koji je samopostojeći;" već takođe znači jedan i jedini pravi Bog koji vlada nad svim nacijama sveta i sve što je u njemu.

A izraz „Bog" se koristi kao značenje da On prebiva u svakoj rasi, zemlji ili pojedincu; prema tome ime se koristi da bi se pokazala Božja humanost. Dok je ime „GOSPOD" opširno, mnogo opširnije ime za Božanstvo, reč „Bog" je izraz za Božju humanost koji ima bliski, duhovni odnos sa svakom ponaosob osobom. „Avramov Bog, Isakov Bog i Jakovljev Bog" su takav jedan primer.

Tako da, zašto mi zovemo ovog Boga „Bog Otac?" To je zbog toga zato što Bog nije samo vladalac celog univerzuma i krajnjeg Suda; već mnogo važnije od toga, On je vrhovni rukovodilac u planiranju i izvršavanju ljudske kultivacije. Ako mi verujemo u ovog Boga, mi možemo Njega da zovemo „Otac" i iskusimo neverovatnu moć i blagoslov zato što smo Njegova deca.

Bog Otac: vrhovni rukovodilac ljudske kultivacije

Bog Stvoritelj započeo je ljudsku kultivaciju kako bi stekao iskrenu decu sa kojom će On deliti iskren i ljubazan odnos. Ali kako postoji početak i kraj svim stvorenim stvarima, tako postoji početak i kraj čovekovog života na zemlji.

Otkrivenje Jovanovo 20:11-15 govori: „I videh veliki beo presto, i Onog što seđaše na njemu, od čijeg lica bežaše nebo i zemlja, i mesta im se ne nađe. I videh mrtvace male i velike gde stoje pred Bogom, i knjige se otvoriše; i druga se knjiga otvori, koja je knjiga života; i sud primiše mrtvaci kao što je napisano u knjigama, po delima svojim. I more dade svoje mrtvace, i smrt i pakao dadoše svoje mrtvace; i sud primiše po delima svojim. I smrt i pakao bačeni biše u jezero ognjeno. I ovo je druga smrt. I ko se ne nađe napisan u knjizi života, bačen bi u jezero ognjeno."

Ovaj odlomak je objašnjenje o Sudu velikog belog prestola. Kada se ljudska kultivacija završi na ovoj zemlji, Gospod će se vratiti u vazduhu da bi pokupio sve vernike. Onda, oni vernici koji su živeli biće uzdignuti u vazduh, gde će se održavati Sedmogodišnji svadbeni banket. Dok traje Sedmogodišnji banket u vazduhu, sedam godina nevolje će biti ovde na zemlji. Nakon toga, Gospod će se vratiti na zemlju i vladaće nad njom jedan milenijum. Posle tog milenijuma, biće Sud velikog belog prestola. U to vreme, deca Božja, čija su imena zapisana u knjizi života, otići će na Nebesa, a

16 • O grehu, pravednosti i osudi

onim imenima koja nisu zapisana u knjizi života, sudiće se u skladu sa njihovim delima i onda će otići u Pakao.

Kada pogledamo u Bibliju, mi možemo da vidimo da nas je Bog od trenutka kada je stvorio čoveka pa sve do današnjeg dana, Bog voleo na isti način. Čak i kada su Adam i Eva zgrešili i kada su bili proterani iz Edemskog vrta, Bog nam je dozvolio da znamo o Njegovoj volji, Njegovom providenju i stvarima koje su došle kroz pravedne ljude kao što su Noje, Avram, Mojsije, David i Danilo. Čak i danas, Božja moć i prisustvo su takođe dokazi u našim životima. On čini kroz one ljude koji zaista Njega prepoznaju i voli ih.

Kada pogledamo u Stari Zavet, mi možemo da vidimo da zato što nas Bog voli, On nas uči kako da ne padnemo u greh i kako da živimo u pravednosti. On nas uči šta su greh i pravednost da bi mogli da izbegnemo osudu. On nas takođe uči da kako Njemu bogoslužimo, mi treba da odvojimo posebne svečanosti da bi prineli ponude Njemu i da ne bi zaboravili živog Boga. Mi možemo da vidimo da je On blagoslovio one koji su verovali u Njega, a za one koji su grešili, On im je dao priliku da se okrenu od njihovih grehova-bilo da je to kroz kaznu ili na neki drugi način. On je takođe koristio proroke da bi otkrio Njegovu volju i da bi nas naučio da živimo u istini.

Međutim, ljudi se nisu povinovali već su umesto toga nastavili da greše. Kako bi rešio ovaj problem, On je poslao Spasitelja, Isusa Hrista, koga je pripremio još pre početka vremena. I On je bio taj koji je otvorio put spasenja kako bi ljudi mogli da budu spašeni kroz veru.

Ko je Sin, Isus Hrist?

Osoba koja je počinila greh ne može da iskupi greh druge osobe, tako da je bila potrebna osoba bez ijednog greha. Zbog toga je Bog Sam morao da obuče telo i dođe na ovu zemlju-a to je bio Isus. Zato što je plata za greh smrt, Isus je morao da primi pogubljenje na krstu da bi se iskupio za naše grehove. Ovo je zato što bez prolivanja krvi, ne postoji oproštaj od greha (Levitski Zakonik 17:11; Poslanica Jevrejima 9:22).

Pod Božjim proviđenjem, Isus je umro na drvenom krstu kako bi oslobodio čovečanstvo na koje je bačena kletva zakona. Nakon što je otkupio čovečanstvo od grehova, On se uzdigao iz mrtvih trećeg dana. Prema tome, svako ko veruje u Isusa Hrista kao u Njegovog Spasitelja oprošteni su im grehovi i primiće spasenje. Baš kao i Isus, koji je postao prvi plod vaskrsenja, mi ćemo takođe vaskrsnuti i ući na Nebesa.

U Jevanđelju po Jovanu 14:6, Isus je rekao: „Ja sam put i istina i život; niko neće doći k Ocu do kroza Me." Isus je put zato što je On postao put za čovečanstvo koje će ući na Nebesa gde Bog Otac vlada; On je istina zato što je On Reč Božja koji je postao telo i došao na ovu zemlju; On je život, zato što kroz Njega samog čovek prima spasenje i večni život.

Dok je On bio ovde na zemlji, Isus se povinovao Zakonu u potpunosti. U skladu sa zakonima Izraela, On je bio obrezan osmog dana posle Njegovog rođenja. On je živeo sa Njegovim roditeljima do 30. godine i ispunio je Njegove dužnosti. Isus nije imao niti prvobitan greh niti je počinio grehove. Prema tome, zapisan je o Isusu u 1. Petrovoj Poslanici 2:22: „...greha ne učini, niti se nađe prevara u ustima Njegovim."

Nedugo zatim, u skladu sa Božjom voljom, Isus je počeo da posti 40 dana pre nego što je krenuo da ispunjava Njegovu službu. On je mnogim ljudima govorio o živom Bogu i o jevanđelju kraljevstva nebesa i On je pokazivao Božju moć gde god da je išao. On je jasno pokazao da je Bog pravi bog i da je On vrhovni nadzornik života i smrti.

Razlog zbog kojeg je Isus došao na ovu zemlju je da kaže čovečanstvu o Bogu Ocu, da uništi neprijatelja đavola, da nas spasi od greha i povede nas na put večnog života. Tako da je u Jevanđelju po Jovanu 4:34 Isus rekao: „Jelo je Moje da izvršim volju Onog koji Me je poslao, i da svršim Njegov posao."

Isus Hrist Spasitelj

Isus Hrist nije samo jedan od četvorice velikih filozofa koje je svet ikada upoznao. On je Spasitelj koji je otvorio put spasenja za celo čovečanstvo; prema tome On ne može biti smešten na isti nivo kao obični ljudi, koji su samo bića. Ako pogledate u Poslanici Filipljanima 2:6-11, tu se kaže: „Koji, ako je i bio u obličju Božijem, nije se otimao da se uporedi s Bogom; nego je ponizio Sam Sebe uzevši obličje sluge, postavši kao i drugi ljudi i na oči nađe se kao čovek. Ponizio Sam Sebe postavši poslušan do same smrti, a smrti krstove. Zato i Bog Njega povisi, i darova Mu ime koje je veće od svakog imena, da se u ime Isusovo pokloni svako koleno onih koji su na nebu i na zemlji i pod zemljom, i svaki jezik da prizna da je Gospod Isus Hristos na slavu Boga Oca."

Zato što se Isus povinovao Bogu i žrtvovao Sebe u skladu sa Božjom voljom, Bog je Njega uzdigao do najvišeg mesta do Njegove desne strane i nazvao Ga Kraljem nad kraljevima i Gospodarem nad gospodarima.

Ko je Sveti Duh, Utešitelj?

Kada je Isus bio na ovoj zemlji On je morao da radi ograničen vremenom i prostorom, zato što je On imao ljudsko telo. On je širi jevanđelje u oblastima Judeje, Samarije i Galileje, ali On nije mogao da širi jevanđelje u dalekim oblastima. Međutim, nakon što je Isus vaskrsao i uzdigao se na nebesa, On je poslao Svetog Duha, Utešitelja, koji će doći nad celim čovečanstvom prevazilazeći ograničenja vremena i prostora.

Definicija „utešitelja"je: „prorok koji brani, navodi ili pomaže drugome da razume šta je pogrešno;" „savetnik koji podstiče i jača drugoga."

Pošto je svet i jedan sa Bogom, Sveti Duh poznaje čak i dubine Božjeg srca (1. Korinćanima Poslanica 2:10). Pošto grešnik ne može da vidi Boga, na isti način ni Sveto Duh ne može da boravi u grešniku. Tako da, dok nas Isus nije otkupio kada je umirao na krstu i prolio Njegovu krv, Sveti Duh nije mogao da dođe u naša srca.

Ali nakon što je Isus umro a onda vaskrsao, problem greha je rešen i svako ko otvori njegovo srce i prihvati Isusa Hrista tada može da primi Svetog Duha. Kada je osoba opravdana verom, Bog im daje dar Svetog Duha kako bi Sveti Duh mogao da boravi u njegovom ili njenom srcu. Sveti Duh nas vodi i upravlja sa nama i kroz Njega, mi možemo da komuniciramo sa Bogom.

Onda, zašto je Bog nama Njegovoj deci dao dar Svetog Duha? To je zato što sve dok Sveti Duh ne dođe i ne oživi naš duh-koji je umro zbog Adamovog greha-mi ne možemo da uđemo u istinu, niti da boravimo u istini. Kada mi verujemo u Isusa Hrista i primimo Svetog Duha, Sveti Duh će doći u naša srca i naučiće nas Božjim zakonima, što je Istina, kako bi mi mogli da živimo u skladu sa ovim zakonima i boravimo u istini.

Dela Svetog Duha, Utešitelja

Osnovan zadatak Svetog Duha je da čini za nas da bi mogli ponovo da budemo rođeni. A time što smo ponovo rođeni, mi ćemo razumeti Božje zakone i pokušaćemo da ih se pridržavamo. Zbog toga je Isus odgovorio: „Ako se ko ne rodi vodom i Duhom, ne može ući u carstvo Božije. Šta je rođeno od tela, telo je, a šta je rođeno od Duha, duh je" (Jevanđelje po Jovanu 3:5-6). Tako da sve dok nismo ponovo rođeni sa vodom i Svetim Duhom, mi ne možemo da primimo spasenje.

Ovde, voda se odnosi na živu vodu-Reč Božju. Mi moramo da postanemo potpuno očišćeni i preobraćeni sa Božjom Rečju, ili sa istinom. Šta znači biti ponovo rođen od Svetog Duha? Kada mi prihvatimo Isusa Hrista, Bog nam daje dar Svetog Duha i priznaje nas Njegovom decom (Dela Apostolska 2:38). Deca Božja koja su primila Svetog Duha slušaju Reč Božju i pokušavaju da naprave razliku između dobra i zla. A kada se onda oni mole iz sveg srca, Bog im daje milost i snagu da žive u skladu sa Njegovom Rečju. Ovo znači biti ponovo rođen od Svetog Duha. I u zavisnosti do koje mere Duh rađa duh za svakog pojedinca, on ili ona mogu biti preobraćeni u istinu. I u zavisnosti do koje mere je pojedinac promenjen sa istinom, toliko će on moći da primi duhovnu veru od Boga.

Drugo, Sveti Duh pomaže našim slabostima i moli se za nas neiskazanim dubokim rečima, kako bi mi mogli da se molimo (Poslanica Riumljanima 8:26). On nas takođe lomi da bi od nas napravio dobre posude. I baš kao što je Isus rekao: „A Utešitelj, Duh Sveti, kog će Otac poslati u ime Moje, On će vas naučiti svemu i napomenuće vam sve što vam rekoh" (Jevanđelje po Jovanu 14:26), Sveti Duh nas vodi ka istini i uči nas o događajima koji će doći u budućnosti (Jevanđelje po Jovanu 16:13).

Šta više, kada se mi povinujemo željama Svetog Duha, On nam dozvoljava da uberemo plodove i dobijemo duhovne darove. Tako da ako mi primimo Svetog Duha i činimo u skladu sa isitnom, On će činiti u nama da bi mogli da uberemo plodove ljubavi, radosti, mira, strpljenja, ljubaznosti, dobrote, vernosti, nežnosti i samokontrole (Poslanica Galaćanima 5:22-23). Ne samo to, On takođe daje darove koji su nama korisni u našim duhovnim životima kao vernika, kao što su reči mudrosti, reči znanja, vere, dar isceljivanja, izvođenje čuda, prorokovanje, razlikovanje duhova, različite vrste jezika i interpretacija jezika (1. Korinćanima Poslanica 12:7-10).

Šta više, Sveti Duh nam se takođe obraća (Dela Apostolska 10:19), daje nam zapovesti (Dela Apostolska 8:29) i u nekim vremenima nam zabranjuje da nešto radimo ako je to protiv Božje volje (Dela Apostolska 16:6).

Trojedini Bog ispunjava proviđenje spasenja

Tako da su Otac, Sin i Sveti Duh u stvari jedno. Na početku, ovaj jedan Bog, postojao je kao Svetlost sa jakim glasom u ogromnom univerzumu (Jevanđelje po Jovanu 1:1; 1. Jovanova Poslanica 1.5). Onda, u određenom trenutku, da bi stekao iskrenu decu sa kojom će deliti Njegovu ljubav, On je počeo da planira za proviđenje ljudske kultivacije. On je podelio jedan prostor u kome je prvobitno boravio na više prostora, i počeo je da postoji kao Trojedini Bog.

Bog Sin, Isus Hrist je začet od Prvobitnog Boga (Dela Apostolska 13:33; Poslanica Jevrejima 5:5), a Bog Sveti Duh, je takođe začet od prvobitnog Boga (Jevanđelje po Jovanu 15:26; Poslanica Galaćanima 4:6). Prema tome, Bog Otac, Bog Sin i Bog Sveti Duh-Trojedini Bog su ispunili proveiđenje ljudskog spasenja i nastaviće da da ispunjavaju zajedno sve do dana Suda velikog belog prestola.

Kada je Isus bio obešen na krstu, On nije Sam patio. Bog Otac i Sveti Duh su takođe iskusili bol sa Njim. Takođe, kako Sveti Duh ispunjava Njegovu službu žaleći i posredujući za duše ovde na zemlji, Bog Otac i Gospod takođe rade sa Njim.

U 1. Jovanovoj Poslanici 5:7-8, govori se: „Jer je troje što svedoči na nebu; Duh, i voda, i krv; i troje je zajedno." Voda duhovno simbolizuje službu Božje Reči a krv duhovno simbolizuje službu Gospda i prolivanje Njegove krvi na krstu. Dok rade zajedno u Njihovjoj službi, Trojedini Bog daje dokaz spasenja svim vernicima. Takođe, u Jevanđelju po Mateju 28:19 govori se: „Idite dakle i naučite sve narode krsteći ih va ime Oca i Sina i Svetog Duha." A u 2. Korinćanima Poslanici 13:14, čitamo: „Blagodat Gospoda našeg Isusa Hrista i ljubav Boga i Oca i zajednica Svetog Duha sa svima vama." Mi možemo da vidimo da su ljudi ovde kršteni i blagosloveni u ime Trojedinog Boga.

Na ovaj način, zato što su po prirodi Bog Otac, Bog Sin i Bog Sveti Duh jednoi po poreklu jedna misao, svaka on Njihovih uloga za ljudsku kultivaciju se razlikuje na regularan način. Bog jasno razlikuje period Starog Zaveta, gde je Bog Otac Sam poveo Njegov narod; period Novog Zaveta, gde je Isus došao na ovu zemlju i postao Spasitelj za čovečanstvo; i kasniji period milosti, gde je Sveti Duh, Utešitelj, izveo Njegovu službu. Trojedini Bog je ispunjavao Njegovu volju u svakom od ovih perioda.

Dela Apostolska 2:38 govore: „Pokajte se, i da se krstite svaki od vas u ime Isusa Hrista za oproštenje greha; i primićete dar Svetog Duha." A kao što je zapisano u 2. Korinćanima Poslanici 1:22: „Koji nas i zapečati, i dade zalog Duha u srca naša," ako prihvatimo Isusa Hrista i primimo Svetog Duha, mi nećemo samo steći pravo da postanemo Božja deca (Jevanđelje po Jovanu 1:12), već ćemo takođe primiti vodstvo Svetog Duha da bi odbacili greh i živeli u Svetlosti. Kada naša duša napreduje, sve stvari će napredovati i mi dobijamo blagoslov oba i duhovnog i fizičkog zdravlja. I jednom kada stignemo na Nebesa, mi ćemo takođe uživati u večnom životu!

Da je postojao samo Bog Otac, mi ne bi mogli u potpunosti da primimo spasenje. Nama je potreban Isus Hrist zato što mi možemo da uđemo u Božje kraljevstvo samo kada smo oprani od naših grehova. I ako smo na putu da odbacimo naše grehove i ako tražimo Božji lik, nama je potrebna pomoć Svetog Duha. Zato što nam Trojedini Bog-Bog Otac, Bog Sin i Bog Sveti Duh-pomažu, mi možemo da primimo potpuno spasenje i damo salvu Bogu.

Rečnik

Meso i dela mesa

Izraz „meso" sa duhovne tačke gledišta je generalno izraz koji se odnosi na neistinu u našim srcima koja izlazi na videlo kao delo. Na primer, mržnja, preljuba, ponos i slično tome, izlaze kao specifična dela kao što su nasilje, prevara, ubistvo i tako dalje, i kolektivno se zovu „meso," a svaki od ovih grehova, kada se pojedinačno svrstaju, nazvani su „dela mesa."

Požuda mesa, požuda očiju, hvalisav ponos života

„Požuda mesa" se odnosi na prirodu koja uzrokuje da ljudi počine grehove prateći želje mesa. Ove tendencije uključuju mržnju, ponos, bes, preljubu i tako dalje. Kada se ove grešne prirode susretnu sa određenim okolnostima koje ih provociraju, požuda mesa počinje da se ispoljava. Na primer, ako neko ima grešnu prirodu da „osuđuje i optužuje" druge, on ili ona će uživati u tome da čuju glasine i tračeve.

„Požuda očiju" se odnosi na grešnu prirodu koja čini da osoba želi stvari mesa kada je srce isprovocirano sa osećajem da je videlo ili čulo kroz oči ili uši. Požuda očiju se pobuđuje kako mi vidimo ili čujemo stvari ovog sveta. Ako ove stvari nisu odbačene i kako mi nastavljamo da ih upijamo, požuda mesa je isprovocirana i na kraju ćemo završiti tako što ćemo počiniti greh.

„Hvalisav ponos života" se odnosi na grešnu prirodu u čoveku koja ga čini da želi da se hvali ili razmeće dok prati zadovoljstva ovog sveta. Ako osoba ima ovu grešnu prirodu, on će se konstantno boriti da bi stekao stvari ovog sveta kako bi sebe istakao.

Poglavlje 3

Dela mesa

„A poznata su dela telesna (dela mesa), koja su preljubočinstvo, kurvarstvo, nečistota, besramnost, idolopoklonstvo, čaranja, neprijateljstva, svađe, pakosti, srdnje, prkosi, raspre, sablazni, jeresi, zavisti, ubistva, pijanstva, žderanja, i ostala ovakva za koja vam napred kazujem kao što i kazah napred, da oni koji tako čine neće naslediti carstvo Božije."
(Poslanica Galaćanima 5:19-21, NKJV)

Čak i Hrišćanima koji su vernici dugo vremena može biti nepoznat termin „dela mesa." Ovo je zato što nema mnogo crkava koje podučavaju o gresima konkretno. Međutim, jasno je kao što je zapisano u Jevanđelju po Mateju 7.21: „Neće svaki koji Mi govori: „Gospode, Gospode," ući u carstvo nebesko; no koji čini po volji Oca Mog koji je na nebesima," mi moramo tačno da znamo koja je Božja volja i mi svakako moramo da poznajemo grehove koje Bog mrzi.

Bog ne samo da vidljiva loša dela naziva „gresima," već

On smatra mržnju, zavist, ljubomoru, sud i/ili osudu drugih, bezosećajnost, lažljivo srce itd. za greh takođe. U skladu sa Biblijom: „Sve što nije od vere" (Poslanica Rimljanima 14:23), znati šta treba da se učini a ne učiniti to (Jakovljeva poslanica 4:17), nečinjenje dobrog koje hoću da učinim i suprotno tome činiti zlo koje neću da činim (Poslanica Rimljanima 7:19-20), dela mesa (Poslanica Galaćanima 5:19-21), i stvari mesa (Poslanica Rimljanima 8:5) nazivaju se „gresima."

Ali sve ove vrste grehova prave zid koji stoji između nas i Boga, kao što je zapisano u Isaiji 59:1-3: „Gle, nije okraćala ruka GOSPODNJA da ne može spasti, niti je otežalo uho Njegovo da ne može čuti. Nego bezakonja vaša rastaviše vas s Bogom vašim, i gresi vaši zakloniše lice Njegovo od vas, da ne čuje. Jer su ruke vaše oskvrnjene krvlju i prsti vaši bezakonjem; usne vaše govore laž i jezik vaš izriče opačinu."

Onda, kakvi to tačno zidovi stoje između nas i Boga?

Stvari mesa i dela mesa

Normalno, kada se misli na ljudsko telo, reč „telo" i „meso" se koriste kao sinonimi. Ipak, duhovna definicija „mesa" se razlikuje. Poslanica Galaćanima 5:24 govori: „A koji su Hristovi, raspeše telo sa slastima i željama." Ovde se ne misli da smo mi bukvalno razapeli naša tela.

Mi moramo znati duhovno značenje reči „meso" da bismo razumeli značenje gornjeg stiha. Reč „meso" nema uvek duhovno značenje. Ponekad se to jednostavno odnosi na ljudsko telo.

Zbog toga moramo poznavati ovaj termin jasnije da bismo znali kada ova reč ima duhovno značenje, a kada ne.

Prvobitno, čovek je stvoren sa duhom, dušom i telom i bio je bez greha. Ipak, nakon nepovinovanja Božjoj Reči, čovek je postao grešnik. I pošto je plata za greh smrt (Poslanica Rimljanima 6:23), duh, koji je čovekov gospodar, umro je. Ljudsko telo je postalo beskorisno telo koje kako vreme prolazi postaje oronulo, raspada se i vraća se u šaku prašine. Tako čovek zadržava grehe u svom telu, a kroz delanje čini ove grehe. Tu imamo sada reč „meso."

Reč „meso" je duhovni termin, koji predstavlja kombinaciju grešnih priroda i ljudskog tela iz kojih je procurila istina. Tako, kada se u Bibliji spominje „meso," to označava greh koji još uvek nije sproveden u delo, ali koji se može izazvati u određenom trenutku. Ovo uključuje grešne misli i sve druge oblike greha u našem telu. A svi ovi gresi, zajednički obeleženi, nazivaju se „stvari mesa."

Drugim rečima, mržnja, ponos, bes, sud, osuda, preljuba, pohlepa itd., se zajednički nazivaju „meso," a svaki od ovih grehova pojedinačno „stvari mesa." Tako da, dokle god ove stvari mesa ostanu u nečijem srcu, u određenim okolnostima one mogu izaći na otvoreno u bilo koje vreme kao grešna dela. Na primer, ako kod nekog u njegovom srcu postoji obmanjiva priroda, to možda neće biti tako evidentno u normalnim okolnostima, ali ako je neko nevoljno prisiljen, ili u nekoj urgentnoj situaciji, on ili ona mogu lagati drugu osobu rečima ili delima obmane.

Gresi koji ovako izađu na otvoreno su takođe od „mesa," ali

svaki greh počinjen u delu se naziva „dela mesa." Ako na primer, imate želju da udarite nekog, ova „bolesna želja" se smatra za „stvar mesa." A ako zaista udarite nekog, onda se ovo smatra za „delo mesa."

Ako pogledate u Poslanicu Galaćanima 6:3, tamo se kaže: „Jer ako ko misli da je šta, a nije ništa, umom vara sebe." Bog govori da On više neće težiti za čovekom zauvek, jer se čovek pretvorio u meso. Onda, da li to znači da Bog nije sa nama? Ne, to ne znači to. Zbog toga što smo mi prihvatili Isusa Hrista, primili Svetog Duha i ponovosmo rođeni kao Božja deca, mi više nismo ljudi od mesa.

Ako mi živimo u skladu sa Božjom voljom i pratimo vođstvo Svetog Duha, Duh rađa duh i mi postajemo transformisani u ljude od duha. Bog, koji je duh, stanuje u onima koji se svakog dana transformišu u ljude od duha. Ipak, Bog ne stanuje u onima koji govore da veruju, a ipak nastavljaju da greše i da čine dela mesa. Biblija stalno ističe da ovi ljudi ne mogu primiti spasenje (Psalmi 92:7; Jevanđelje po Mateju 7:21; Poslanica Rimljanima 6:23).

Dela mesa koja sprečavaju čoveka da nasledi kraljevstvo Božje

Ako mi, nakon što smo živeli u središtu greha, shvatimo da smo grešnici i prihvatimo Isusa Hrista, mi ćemo se truditi da ne počinimo dela mesa koja se grubo prikazuju kao „grehovi." Da, Bog nije zadovoljan „stvarima mesa," ali su „dela mesa" ta koja nas mogu sprečiti da nasledimo Božije kraljevstvo. Zbog toga, mi moramo pokušati da nikad više ne počinimo dela mesa.

1. Jovanova Poslanica 3:4 kaže: „Svaki koji čini greh i bezakonje čini: i greh je bezakonje." Ovde: „Svaki koji čini greh" je svako ko počini dela mesa. Takođe, nepravednost je bezakonje; zbog toga ako ste nepravedni, čak i ako kažete da ste vernik, Biblija upozorava da ne možete primiti spasenje.

1. Korinćanima Poslanica 6:9-10 navodi: „Ili ne znate da nepravednici neće naslediti carstvo Božije? Ne varajte se: ni kurvari, ni idolopoklonici, ni preljubočinci, ni adžuvani, ni muželožnici, ni lupeži, ni lakomci, ni pijanice, ni kavgadžije, ni hajduci, carstvo Božije neće naslediti."

U Jevanđelju po Mateju, poglavlje 13 jasno objašnjava šta će se dogoditi ovim ljudima na kraju doba: „Poslaće Sin Čovečiji anđele svoje, i sabraće iz carstva Njegovog sve sablazni i koji čine bezakonje, i baciće ih u peć ognjenu: onde će biti plač i škrgut zuba"(stihovi 41-42). Zašto bi se ovo dogodilo? Ovo je zato što umesto da su pokušali da odbace greh, ovi ljudi su živeli život u kompromisu sa neistinom ovog sveta. Tako oni u Božjim očima nisu „pšenica" već „pleva."

Zato je najvažnije da najpre shvatimo kakve smo zidove greha izgradili između nas i Boga, te da taj zid srušimo. Tek kada rešimo ovaj grešni problem, možemo biti priznati od Boga da imamo veru, te možemo rasti i sazrevati kao „pšenica." I tada možemo primiti odgovore na naše molitve i iskusiti isceljenje i blagoslove.

Evidentna dela mesa

Pošto dela mesa izlaze kao dela, mi možemo jasno videti izopačenu i korumpiranu sliku počinjenog greha. Najevidentnija dela mesa su nemoral, nečistost i pohotljivost. Ovi gresi su seksualni gresi i oni koji počine ove grehe ne mogu primiti spasenje. Zbog toga, svako na koga se ovi gresi odnose, mora se brzo pokajati i okrenuti se na drugu stranu od ovih puteva.

1) Nemoral, nečistost, pohotljivost

Prvo, „nemoral" se ovde odnosi na seksualni nemoral. To je kada čovek i žena koji nisu u braku imaju fizičku vezu jedno sa drugim. U današnje vreme i doba, zbog toga što je naše društvo tako puno greha, imati seksualne odnose pre braka je postalo norma. Ipak, iako će se dvoje venčati i vole se, to se i dalje smatra delanjem u neistini. Ali danas, ljudi se više i ne stide. Oni čak i ne smatraju takvo delo za greh. Ovo je zato što kroz drame i filmove, društvo pretvara priče o nezakonitim pitanjima i vezama koje odstupaju od istine u „divne ljubavne priče." Pošto ljudi to gledaju i uključuju se u ove vrste drama i filmova, njihov osećaj za diskreciju o gresima se zamagljuje i malo po malo, ljudi postaju totalno desenzibilisani na greh.

Seksualni nemoral nije prihvatljiv ni sa etičke ni sa moralne tačke gledišta. Onda, koliko bi još neprihvatljiviji bio u očima svetog Boga? Ako se dvoje ljudi istinski voli, oni treba prvo da kroz institucije braka prime priznanje od Boga i od njhovih roditelja i rođaka, pa da onda napuste roditelje i da postanu jedno u telu.

Drugo, seksualni nemoral je kada oženjen čovek ili udata žena ne zadrže njihove svete bračne zavete. Naime, ovo je kada se muž ili žena upuste u vezu sa nekim ko nije njihov zakonski bračni drug. Ipak, pored preljube koja se dešava u vezama između ljudi, postoji takođe i duhovna preljuba koju ljudi često čine. Ovo je kada se ljudi nazivaju vernicima, a obožavaju idole ili se konsultuju sa vidovnjakom ili čarobnjakom, ili zavise od neke vrste crne magije ili bezbožničkog vračanja. Ovo je delo obožavanja zlih duhova i demona.

Ako pogledate Brojeve, poglavlje 25, dok sinovi Izraela ostaju u Sitim, ljudi ne samo da su počinili greh nemoralnosti sa ženama Moavskim; oni su se takođe poklonili njihovim bogovima. Kao rezultat, Božji gnev se spustio na njih i 24.000 ljudi je umrlo od kuge u jednom danu. Zbog toga, ako neko kaže da on ili ona veruju u Boga, a ipak zavise od idola i demona, ovo je delo duhovne preljube i čin kojim se izdaje Bog.

Sledeće, „nečistoća" je kada bilo koja grešna priroda ode predaleko i postane prljava. Na primer, kada preljubničko srce ode predaleko, pljačkaš može silovati i majku i ćerku u isto vreme. Kada ljubomora ode predaleko, to takođe može postati „nečistoća". Na primer, ako neko postane ljubomoran do tačke da nacrta sliku te osobe i da je gađa pikadom, ili da izbode sliku čiodama, takva abnormalna dela nastaju kao rezultat te ljubomore i ta dela su „nečistoća."

Pre nego što neko poveruje u Boga, on ili ona mogu imati

grešne prirode kao što je mržnja, ljubomora, ili preljubništvo u njima. Zbog Adamovog prvobitnog greha, svaki čovek se rađa sa neistinom, koja je u korenu svake ljudske prirode. Kada ove grešne prirode u čoveku pređu određenu granicu i odu izvan granica morala i etike i izazovu štetu i bol drugoj osobi, za to kažemo da je „nečistoća."

„Pohotljivost" je traženje zadovoljstva u stvarima požude, kao što su seksualne želje ili fantazije i činjenje raznih nečasnih dela prateći sopstvene pohotne želje. „Pohotljivost" se razlikuje od „preljube" u tome što osoba najveći deo svog dnevnog života živi natopljena preljubničkim mislima, rečima ili delima. Na primer, parenje sa životinjom, ili održavanje seksualnih odnosa – žena koja čini nečasna dela sa drugom ženom ili muškarac sa drugim muškarcem – ili upotreba seksualnih pomagala itd., sve su to zla dela koja spadaju u „pohotljivost."

U današnjem društvu, ljudi govore da homoseksualnost zaslužuje poštovanje. Ipak, ovo se kosi sa Bogom i razumom (Poslanica Rimljanima 1:26-27). Takođe, muškarci koji za sebe smatraju da su žene ili žene koje se smatraju muškarcima, ili transseksualci, nisu prihvatljivi Bogu (Knjiga Ponovljenog Zakona 22:5). Ovo se kosi sa Božjim redom postanka.

Kada društvo postane iskvareno usled greha, prva stvar koja postane nečista je ljudski moral i etika u vezi seksa. Istorijski, kad god seksualna kultura društva postane iskvarena, tome sledi Božji sud. Sodoma i Gomora i Pompeja su dobri primeri za to.

Kad vidimo kako seksualna kultura našeg društva postaje nečista svuda u svetu – do tačke kad se više ne može obnoviti – mi možemo znati da je Sudnji dan blizu.

2) Idiopoklonstvo, vračanje i neprijateljstvo

„Idoli" se mogu podeliti u dve velike kategorije. Prva je stvaranje slike o Bogu koji nema oblik, formiranjem nekakvog fizičkog oblika, ili kreiranje nekakve slike i objekta bogosluženja. Ljudi žele stvari koje mogu da vide sopstvenim očima, dodirnu svojim rukama i osete svojim telom. Zbog toga ljudi koriste drvo, kamen, čelik, zlato ili srebro da bi napravili slike čoveka, životinja, ptica ili riba, da bi im bogoslužili. Ili im daju imena, kao što su bog sunca, meseca i zvezda i bogosluže im (Knjiga Ponovljenog Zakona 4:16-19). Ovo se naziva „idolopoklonstvom."

U Izlasku poglavlje 32, mi vidimo da kada je Mojsije otišao u Goru Sinajsku da primi Zakon i nije odmah sišao dole, Izraelci su napravili zlatno tele i bogoslužili mu. Iako su oni videli bezbroj znakova i čuda, oni i dalje nisu hteli da veruju i konačno, počeli su da se povinuju idolu. Videvši ovo, Božji gnev se spustio na njih i On je rekao da će ih On uništiti. U to vreme, njihovi životi su pošteđeni zahvaljujući Mojsijevoj revnosnoj molitvi. Ali kao rezultat ovog događaja, oni koji su bili stariji od dvadeset godina u Izlasku, nisu mogli da uđu u zemlju Hanansku i umrli su u pustinji. Iz ovoga možemo videti koliko Bog mrzi čin idolopoklonstva ili njihovog bogosluženja.

Drugo, ako postoji nešto što volimo više od Boga, onda to

postaje idol. U Poslanici Kološanima 3:5-6 čitamo: „Pomorite dakle ude svoje koji su na zemlji: kurvarstvo, nečistotu, slast, zlu želju i lakomstvo, koje je idolopoklonstvo. Za koje ide gnev Božji na sinove protivljenja."

Na primer, ako neko ima pohlepu u svom srcu, onda on može voleti materijalne stvari više od Boga, a da bi zaradio više novca, on možda neće poštovati Gospodnji Sveti dan. Takođe, ako neko pokuša da zadovolji pohlepu u svom srcu voleći druge ljude ili stvari više od Boga—kao što je supružnik, deca, slava, moć, znanje, zabava, televizija, sport, hobi ili izlasci—i ne voli da se moli i da vodi revnosni duhovni život, to je delo bogosluženja idolu.

Zbog toga što nam je Bog rekao da ne počinimo delo bogosluženja idolu, ako ljudi pitaju: „Znači Bog želi od nas da se samo Njemu povinujemo i da samo Njega volimo?" i pomisle da je Bog sebičan, oni to pogrešno shvataju. Bog nam nije rekao da Njega prvo volimo da bi bio diktator. On je to učinio da bi nas vodio da živimo živote vredne ljudskih bića. Ako neko voli druge stvari i povinuje im se više nego Bogu, taj neće moći da ispuni svoje dužnosti kao ljudsko biće i neće moći da odbaci grehove iz svog života.

Sledeće, rečnik definiše „vračanje" kao bavljenje magijom od strane neke osobe koja navodno barata natprirodnim moćima ili magijom uz pomoć zlih duhova; crne magije, „veštičarenja." Konsultovanje sa šamanima, medijumima i slično, takođe spada u ovu kategoriju. Neki ljudi posećuju šamane ili medijume da bi ih pitali o svom detetu koje se priprema za prijemni ispit za srednju školu, ili da bi saznali da li im je budući supružnik odgovarajući. Ili ako se pojave neke nevolje u njihovom domaćinstvu, oni pokušavaju da nabave amajliju za sreću. Ali Božja deca ne bi trebalo nikad da čine ovakve stvari, jer će činjenje ovakvih stvari prizvati zle duhove u njihove živote i kao rezultat, veća iskušenja.

„Magija" i „čini" su taktike za obmanjivanje drugih, kao što je smišljanje zlih planova za varanje drugih, ili hvatanje u zamku. Iz duhovne perspektive „vračanje" je delo varanja druge osobe kroz vešte obmane. Zbog toga danas tama vlada u svim različitim delovima našeg društva.

„Neprijateljstvo" je osećanje netrpeljivosti i odbojnosti prema nekome i želja za njegovom konačnom propasti. Ako pažljivo proučite srca ljudi koji gaje osećaj neprijateljstva prema nekome, vi možete videti da se oni distanciraju i mrze drugu osobu, ili je iz nekog razloga ne vole, ili zbog njihovih sopstvenih zlih osećanja. Kada ova zla osećanja pređu određenu granicu, ona mogu eksplodirati u dela koja mogu povrediti drugu osobu; kao što su klevete, ogovaranje i blaćenje i sve vrste malicioznih zlih dela.

U Samuelovoj Poslanici u poglavlje 16, mi vidimo da čim je duh GOSPODA napustio Saula, zli duhovi su došli da mu smetaju. Ali kada je David svirao na svojoj harfi, Saul se takođe osvežio i bio je dobro, i zli duhovi su otišli od njega. Takođe, David je ubio diva Falistejskog, Golijata, pomoću praćke i kamena, te spasio narod Izraela iz krize, rizikujući svoj život da bi bio veran Saulu. Ipak, Saul se plašio da će mu David preoteti vlast, te je proveo mnogo godina proganjajući Davida da ga ubije. Konačno, Bog se odrekao Saula. Božja Reč nam govori da volimo čak i naše neprijatelje. Zbog toga, ne bi trebalo da gajimo neprijateljstvo ni prema kome.

3) Nesloga, ljubomora, izlivi besa

„Nesloga" nastaje kada ljudi postave svoje lične ciljeve i moć za prioritet ispred drugih i bore se za to. Nadmetanje obično počinje sa pohlepom i prouzrokuje konflikte koji vode ka nelsozi između vođa naroda, članova političkih partija, članova porodica, ljudi u crkvi i u svim drugim međuljudskim odnosima.

U korejskoj istoriji imamo primer nesloge između državnih vođa. Dae Won Gon (Dae Won Goon), otac poslednjeg cara Čosun dinastije i njegova snaja, carica Miong Sung (Myong Sung) su se svađali oko političke moći jedno protiv drugog sa različitim stranim silama koje su ih podržavale. To je trajalo više od deset godina. Sve ovo je vodilo ka nacionalnom haosu, koji se zauzvrat pretvorio u pobunu vojske i revoluciju seljaka. Kao rezultat svega toga, mnoge političke vođe su bile ubijene, a carica Miong Sung je takođe bila ubijena od strane japanskih ubica. Konačno, usled ove nesloge između državnih vođa, Koreja je izgubila svoj suverenitet od strane Japanaca.

Prepirke se takođe mogu dogoditi između muža i žene, ili između roditelja i deteta. Ako oba supružnika žele da se onaj drugi povinuje njegovim željama, ovo može prouzrokovati neslogu, pa čak i razilaženje. Ima slučajeva kada supružnici tuže jedno drugo te postanu doživotni neprijatelji. Ako ima prepirke u crkvi, počinje delo Sotone te sprečava crkvu da raste i sprečava sve delove crkve da pravilno funkcionišu.

Kad čitamo Bibliju, mi često nailazimo na scene u kojima postoje konflikti i prepirke. U 2. Samuelovoj Poslanici 18:7, mi vidimo da je Davidov sin Avesalom poveo pobunu protiv Davida u kojoj je stradalo dvadeset hiljada ljudi, svi u istom danu. Takođe, nakon smrti Solomona, Izrael se podelio na severno kraljevstvo Izraela i na južno kraljevstvo Judeju, a čak i nakon toga nesloga i rat su se nastavili. Posebno u severnom kraljevstvu Izraela, tron je stalno bio ugrožen prepirkom. Tako, znajući da prepirka vodi bolu i uništenju, ja se nadam da ćete vi uvek tragati za dobrobiti drugih i za mirom.

Sledeće, „ljubomora" je kada se neko udalji od drugih pojedinaca i mrzi ih zbog toga što je postao zavidan, misleći da su oni bolji od njega. Kada ljubomora raste, ona se može razviti u bes i spunjen zlom. Ovo može dovesti do prepirki koje vode nastanku sporova.

Ako pogledate Bibliju, Jakovljeve dve žene, Lija i Rahilja su bile ljubomorne jedna na drugu a Jakov se našao između njih (Postanak, poglavlje 30). Kralj Saul je bio ljubomoran na Davida, kome je dato više ljubavi od strane ljudi nego što je primio (1 Samuel 18:7-8). Kain je bio ljubomoran na svog brata Avelja i ubio ga je (Postanak 4:1-8). Ljubomora se uzdiže iz zla u srcu neke osobe, što ih izaziva da zadovolje svoju pohlepu.

Najlakši način da otkrijete da li ste ljubomorni jeste da

proverite da li se osećate neprijatno kada neko drugi napreduje i ide mu dobro. Osim toga, možda počnete da ne volite tu osobu i da želite da joj oduzmete ono što ona ima. Takođe, ako se ikad poredite sa nekom drugom osobom i osećate se obeshrabreno, ljubomora je u korenu ovog problema. Kada je ta osoba sličnih godina, vere, iskustva i porekla ili iz iste okoline, vrlo je lako osetiti ljubomoru prema toj osobi. Kao što nam je Bog zapovedio „da volimo našeg komšiju kao sebe samog," ako je neka osoba pohvaljena zbog toga što je u nečemu bolja od nas, Bog želi da se mi radujemo sa njom. On želi da se radujemo kao da smo mi sami primili pohvalu.

„Izlivi besa" su izrazi besa koji prevazilaze unutrašnju ljutnju koju pokušavamo da zadržimo u nama. Oni često imaju razarajuće rezultate. Oni su na primer, ako se neko brzo naljuti kad god se nešto ne poklapa sa njegovim mišljenjem ili mislima i on upotrebljava nasilje, čak i ubistvo. Jednostavno postati frustriran i izraziti tu frustraciju ne ometa spasenje; ipak, ako imate zlu prirodu besa, vi možete delati sa izlivima gneva. Zbog toga vi morate isčupati ovo zlo iz korena i odbaciti ga.

Ovo je slučaj kralja Saula, koji je postao ljubomoran na Davida i uporno pokušavao da ga ubije samo zato što je primio pohvalu od ljudi—pohvalu koju je zaslužio! Ima nekoliko mesta u Bibliji kada Saul prikazuje izlive besa. Jednom je on bacio koplje na Davida (1 Samuel 18:11). Samo zato što je grad Nob pomogao Davidu u bekstvu, Saul je udario na grad. To je bio grad sveštenika, a Saul ne samo da je pobio muškarce, žene, decu i bebe; on je pobio i volove, magarce, i ovce (1 Samuel 22:19).

Ako mi postanemo previše besni kao ovde, mi na nas navlačimo veliku količinu greha.

4) Sporovi, razdori, izdvajanje

„Sporovi" dovode do odvajanja ljudi. Ako im nešto ne koristi, oni formiraju ekskluzivne saradnike ili grupe. To se ne odnosi samo na ljude koj su bliski, koji imaju nešto zajedničko, ili koji se često sastaju. Ovo su neprijateljske grupe čiji članovi ogovaraju, kritikuju, sude i osuđuju. Ove grupe se mogu formirati u porodici, komšiluku, pa čak i u crkvi.

Ako se na primer, nekome ne dopadaju njegovi ili njeni sveštenici, te taj počne da ih ogovara u krugu ljudi koji imaju isto mišljenje, onda je to „sinagoga Sotone." Zbog toga što ovi ljudi ometaju sveštenike time što im sude i osuđuju ih, crkva kojoj oni služe ne može da doživi preporod.

„Razdori" stvaraju izdvajanje i separisanje jednoga od ostalih dok on prati svoju sopstvenu volju i misli. Primer za to je stvaranje podele unutar crkve. Ovo je delo koje se protivi Božjoj volji, jer je prouzrokovano snažnim mišljenjem da je način na koji neko misli jedini ispravan način mišljenja, te sve mora biti krojeno u skladu sa dobrobiti te osobe.

Davidov sin Avesalom je izdao i pobunio se protiv svog oca (2. Samuelova Poslanica, poglavlje 15), jer je sledio svoju pohlepu. Tokom ove pobune, mnogi Izraelci, čak i Ahitofel, Davidov savetnik, stali su na stranu Avesaloma i izdali Davida. Bog napušta ljude kao što su ovi koji se bave delima mesa. Zbog toga,

Avasalom i svi ljudi koji su stali na njegovu stranu su konačno bili poraženi i suočili su se sa mizernim krajem.

„Jeres" je delo ljudi koji se odriču Gospoda koji ih je otkupio donoseći im brzo uništenje (2. Petarova Poslanica 2:1). Isus Hrist je prolio Njegovu krv da bi nas spasio, dok smo mi bili u središtu greha; zbog toga je ispravno reći da nas je On otkupio Njegovom krvlju. Tako da, ako mi tvrdimo da verujemo u Boga, ali poričemo Sveto Trojstvo, ili poričemo Isusa Hrista koji nas je otkupio Njegovom krvlju, onda je to kao da mi navlačimo uništenje na nas same.

Postoje vremena kada, ne znajući istinsku definiciju jeresi, ljudi optužuju i osuđuju duge ljude zbog jeresi, samo zato što se oni malo razlikuju od njh samih. Ipak, to je vrlo opasno činiti i to može podpasti u kategoriju ometanja dela Svetog Duha. Ako neko veruje u Sveto Trojstvo—Oca, Sina i Svetoga Duha i ne odoriče se Isusa Hrista, mi ga ne možemo osuditi za jeres.

5) Zavist, ubistva, pijanstvo, poročnost

„Zavist" je ljubomora prikazana kroz dela. Ljubomora znači neodobravati ili ne voleti druge kada im dobro ide, a zavist je korak dalje, kada ovo neodobravanje izaziva nekog da izvršava dela koja povređuju druge. Normalno, zavist se često može videti kod žena, ali se sigurno može naći i kod muškaraca; a ako napreduje, može voditi ka smrtnim gresima, kao što je ubistvo. A i ako ne napreduje do tačke ubistva, može otići dotle da se druga osoba zastrašuje ili povređuje, ili može dovesti do drugih zlih dela kao što je kovanje zavere protiv druge osobe ili ljudi.

Sledeće je „pijanstvo." U Bibliji je scena nakon presude o poplavi, kada je Noje pio vino, napio se i napravio grešku. Nojevo pijanstvo je konačno prouzrokovalo da Noje prokune svog drugog sina, koji je je njegove slabosti izneo na otvoreno. Poslanica Efežanima 5:18 kaže: „I ne opijajte se vinom u kome je kurvarstvo, nego se još ispunjavajte Duhom." Ovo znači da je pijanstvo greh.

Razlog zbog kog Biblija sadrži scene ljudi koji piju vino je zato što Izrael ima mnogo sušnih predela u divljini, a voda je prava retkost. Zbog toga su alternativna pića od vina, napravljena od čistog soka grožđa i drugog voća koje sadrži mnogo šećera, bila dozvoljena (Knjiga Ponovljenog Zakona 14:26). Ipak, ljudi Izraela su pili ovo vino umesto vode, ali nedovoljno da se od toga napiju. Ali u našoj državi danas, kada imamo u izobilju vodu za piće, mi zaista ne moramo da pijemo vino ili alkohol.

U Bibliji mi možemo videti da Bog nije namerio vernicima da piju jaka pića kao što je vino (Levitiski Zakon 10:9; Poslanica Rimljanima 14:21). U Poslovicama 31:4-6 čitamo: „Nije za careve, Lemuilo, nije za careve da piju vino, ni za knezove da piju silovito piće, da ne bi pijući zaboravio uredbe, i izmenio pravicu kome nevoljniku. Podajte silovito piće onome koji hoće da propadne, i vino onima koji su tužnog srca."

Vi možete reći: „Nije li u redu piti malo, ali ne napiti se?" Ali i ako popijete malo, vi se „malo napijete." Vi se ipak opijete čak i ako je to „samo malo." Kada se napijete, vi izgubite samokontrolu, pa ako ste inače smirena i blaga osoba, vi možete postati nasilni kada ste pijani. Postoje ljudi koji počinju da govore vrlo grubo i ponašaju se surovo, ili čak naprave scenu. Takođe, zbog toga što opijanje izaziva nedostatak racionalnosti i diskrecije, neki ljudi mogu počiniti različite grehe. Vrlo često ljudi uništavaju svoje zdravlje zbog teškog alkoholizma, a ljudi koji postanu alkoholičari nanose bol ne samo sebi, već i ljudima koje vole. Ali u mnogo slučajeva, iako ljudi znaju koliko alkoholizam može biti štetan, jednom kada počnu oni ne mogu da se zaustave, te oni nastavljaju da piju i da uništavaju svoje živote. Zbog toga je „pijanstvo" uključeno u dela mesa.

Nekoliko stvari spada u kategoriju „poročnost." Ako je neko zadubljen u opijanje, klađenje, kockanje i slično, da ne može da izvršava svoja zaduženja kao što je vođenje domaćinstva, briga o detetu, Bog onda to smatra za „poročnost." Takođe, nemati samokontrolu i juriti za seksualnim zadovoljstvima i voditi nemoralan život, ili živeti na bilo koji način na koji samo vi želite, takođe potpada pod „poročnost."

Još jedan problem današnjeg društva je ljudska opsesija za površne luksuzne proizvode i poznate brendove koji ih uvlače u poročnost. Ljudi kupuju dizajnerske tašne, odeću, cipele itd. koje ne mogu da priušte koristeći kreditne kartice, a to vodi ka ogromnom dugu. Nemajući načina da se dug otplati, neki ljudi čine čak i kriminalna dela ili izvrše samoubistvo. Ovo je slučaj nemanja samokontrole nad sopstvenom pohlepom, jurnjave za porocima, a onda dolazi do posledica koje treba snositi.

6) I slično...

Bog nam govori da ima i mnogo drugih dela mesa pored onih koja smo već spomenuli. Ipak, misliti: „Kako se ja ikad mogu rešiti svih ovih grehova?" mi ne treba da odustanemo na samom početku. Čak i ako imate mnogo grehova, ako se snažno posvetite u vašem srcu i jako se potrudite, vi se definitivno možete osloboditi tih grehova. Dok se trudite da ne počinite dela mesa, ako se jako trudite da činite dobra dela i stalno se molite, vi ćete primiti milost Božju i dobićete moć da se preobrazite. Ovo može biti nemoguće pomoću ljudske moći, ali sve je moguće sa Božjom moći (Jevanđelje po Marku 10:27).

Šta će se dogoditi ako vi živite kao svetovni ljudi u središtu greha i poroka, čak i ako ste čuli i znate da ne možete naslediti Božje kraljevstvo ako nastavite da činite dela mesa? Onda ste vi čovek od mesa, naime „pleva" i ne možete primiti spasenje. 1. Korinćanima Poslanica 15:50 kaže: „A ovo govorim, braćo, da telo i krv ne mogu naslediti carstvo Božije, niti raspadljivost neraspadljivosti nasleđuje." Takođe, u 1. Jovanova Poslanica 3:8 se govori: „Koji tvori greh od đavola je, jer đavo greši od početka."

Mi moramo zapamtiti da ako mi činimo dela mesa i da ako nastavljamo da gradimo zid greha između nas i Boga, mi onda ne možemo spoznati Boga, ne možemo primiti odgovore na naše molitve, niti naslediti Božje kraljevstvo, naime Nebesa.

Ipak, samo zato što ste prihvatili Isusa Hrista i primili Svetog Duha, to ne znači da možete da odbacite sva dela mesa odjednom. Ali uz pomoć Svetog Duha, vi morate pokušati da živite svetim životom i da se molite sa žarom Svetog Duha. Onda možete odbaciti dela mesa jedno po jedno. Čak i ako i dalje imate nekoliko dela mesa kojih još uvek niste uspeli da se rešite, ako date sve od sebe, Bog vas neće zvati čovekom od mesa, već će vas zvati Njegovim detetom koje je postalo pravedno po veri i On će vas voditi ka spasenju.

Ali to ne znači da vi treba da ostanete na nivou na kome nastavljate da činite dela mesa. Vi morate pokušati ne samo da odbacite stvari mesa koje su vidljive od spolja, nego i da pokušate da odbacite stvari mesa koje nisu vidljive od spolja. U vreme Starog Zaveta, bilo je teško odbaciti stvari mesa jer Sveti Duh još nije bio došao i oni su morali da to urade svojom sopstvenom snagom. Sada u vreme Novog Zaveta, mi ipak možemo odbaciti stvari mesa uz pomoć Svetog Duha i postati osvećeni.

Ovo je zato što nam je Isus Hrist već oprostio sve naše grehe prolivajući Njegovu krv na krstu i poslao nam Svetog Duha, Utešitalja. Zbog toga se ja molim da primate pomoć Svetog Duha i da odbacite dela mesa i stvari mesa i da budete priznati za istinsko Božje dete.

Poglavlje 4

„Prema tome uberite plodove u skladu sa pokajanjem"i

„Tada izlažaše k njemu Jerusalim i sva Judeja, i sva okolina jordanska; I on ih krštavaše u Jordanu, i ispovedahu grehe svoje. A kad vide (Jovan) mnoge fariseje i sadukeje gde idu da ih krsti, reče im: „Porodi aspidini, ko kaza vama da bežite od gneva koji ide? Rodite dakle rod dostojan pokajanja; I ne mislite i ne govorite u sebi: „Imamo oca Avrama;" jer vam kažem da može Bog i od kamenja ovog podignuti decu Avramu. Već i sekira kod korena drvetu stoji; svako dakle drvo koje ne rađa dobar rod, seče se i u oganj baca.""
(Jevanđelje po Mateju 3:-10)

Jovan je bio prorok koji je rođen pre Isusa i koji je „utabao put za Gospoda." Jovan je znao svrhu svog života. Tako, kada je došlo vreme, on je revnosno širio vesti o Isusu, dolazećem Mesiji. U to vreme, Jevreji su čekali Mesiju koji će spasiti njihov narod.

Zbog toga je Jovan uzviknuo u pustinji Judeje: „Pokajte se, jer se približi carstvo nebesko!" (Jevanđelje po Mateju 3:2) A one koji su se pokajali zbog svojih grehova, on je krštavao u vodi i vodio ih prihvatanju Isusa za Spasitelja.

Jevanđelje po Mateju 3:11-12 kaže: „Ja dakle krštavam vas vodom za pokajanje; a Onaj koji ide za mnom, jači je od mene; ja nisam dostojan Njemu obuću poneti; On će vas krstiti Duhom Svetim i ognjem. Njemu je lopata u ruci Njegovoj, pa će otrebiti gumno Svoje, i skupiće pšenicu Svoju u žitnicu, a plevu će sažeći ognjem večnim." Jovan je govorio ljudima unapred da je Isus, Božji Sin koji je došao na ovaj svet, naš Spasitelj i da će konačno biti naš Sudija.

Kada je Jovan video mnogo fariseja i sadukeja koji dolaze da se krste, on ih nazvao „porodi aspidini" i prekorio ih. On je ovo učinio, jer osim ako nisu ubrali odgovarajući plod pokajanja, oni neće moći da prime spasenje. Tako, pogledajmo sada bliže Jovanov prekor da bismo videli tačno kakve plodove treba da ubiremo da bismo primili spasenje.

Porodi aspidini

I fariseji i sadukeji su bili grane judaizma. Fariseji su se smatrali za one koji su „odvojeni." Oni su verovali u vaskrsnuće pravednih i u osudu zlih; oni su se striktno držali Mojsijevog Zakona i tradicije vođa. Zbog toga je njihov status u društvu bio značajan.

Sa druge strane, sadukeji su bili aristokratski sveštenici čiji su interesi najviše bili vezaniza hram, a njihovi stavovi i običaji su bili drugačiji od fariseja. Oni su podržavali političku situaciju pod rimskom upravom i oni su odbili da poveruju u vaskrsnuće, večnu prirodu duše i anđele i duhovna bića. Oni su Božje kraljevstvo smatrali za privremeno.

U Jevanđelju po Mateju 3:7, Jovan Krstitelj je prekorio fariseje i sadukeje govoreći im: „Porodi aspidini, ko kaza vama da bežite od gneva koji ide?" Zašto mislite da ih je on nazvao „porodi aspidini," kad su se oni smatrali Božjim vernicima?

Fariseji i sadukeji su tvrdili da veruju u Boga i oni su podučavali Zakon. Ipak, oni nisu prepoznali Božjeg Sina, Isusa. Zbog toga Jevanđelje po Mateju 16:1-4 govori: „I pristupiše k Njemu fariseji i sadukeji, i kušajući Ga iskahu da im pokaže znak s neba. A On odgovarajući reče im: „Uveče govorite: „Biće vedro; jer je nebo crveno." I ujutru: „Danas će biti vetar, jer je nebo crveno i mutno." Lice nebesko umete poznavati, a znake vremena ne možete poznati? Rod zli i kurvarski traži znak, i znak neće mu se dati osim znaka Jone proroka." I ostavivši ih otide."

Takođe u Jevanđelju po Mateju 9:32-34 čitamo: „Kad oni pak iziđoše, gle, dovedoše k Njemu čoveka nemog i besnog. I pošto izgna đavola, progovori nemi. I divljaše se narod govoreći: „Nikada se toga nije videlo u Izrailju." A fariseji govorahu: „Pomoću kneza đavolskog izgoni đavole." Dobra osoba bi se radovala i slavila Boga, jer je Isus izgonio demona. Ali fariseji su radije mrzeli Isusa i sudili Mu i osuđivali Ga, govoreći da je On činio dela đavola.

U Jevanđelju po Mateju, poglavlje 12, mi se srećemo sa

scenom u kojoj ljudi pokušavaju da pronađu neki razlog da optuže Isusa, pitajući Ga da li je ispravno ili pogrešno isceliti nekoga na Sabat. Znajući njihove namere, Isus im je dao ilustraciju o ovci koja je pala u jamu na Sabat, da bi ih poučio da je ispravno činiti dobra dela na Sabat. On je tada iscelio čoveka čija se ruka osušila. Ipak, umesto da nauče iz ovog događaja, oni su se urotili da se otarase Isusa. Pošto je Isus činio dela koja oni nisu mogli da učine, oni su bili ljubomorni na Njega.

1. Jovanova Poslanica 3:9-10 kaže: „Koji je god rođen od Boga ne čini greha, jer Njegovo seme stoji u njemu, i ne može grešiti, jer je rođen od Boga. Po tome se poznaju deca Božija i deca đavolja: koji god ne tvori pravde, nije od Boga, i koji ne ljubi brata svog." Ovo znači da osoba koja počini grehe, nije od Boga.

Fariseji i sadukeji su tvrdili da veruju u Boga, a ipak su bili puni zla. Oni su činili dela mesa kao što su ljubomora, mržnja, gordost, suđenje i osuda. Oni su takođe počinili i druga dela mesa. Oni su samo sprovodili i formalno poštovali Zakon i tražili su svetovnu čast. Oni su bili pod uticajem Sotone, stare zmije (Otkrivenje Jovanovo 12:9); tako da kad ih je Jovan Krstitelj nazvao „porodima aspidinim," on je aludirao na ovo.

Brati plodove u skladu sa pokajanjem

Ako smo mi Božja deca, mi treba da budemo na svetlosti jer je Bog Svetlost (1. Jovanova Poslanica 1:5). Ako smo u tami, što je suprotnost od Svetlosti, mi nismo Božja deca. Ako mi ne delamo u pravednosti, što je Božja Reč, ili ako ne volimo našu braću po veri, onda mi nismo od Boga (1. Jovanova Poslanica 3:10). Takvi ljudi ne mogu primiti odgovore na njihove molitve. Oni ne mogu primiti spasenje niti iskusiti Božja dela.

Jevanđelje po Jovanu 8:44 kaže: „Vaš je otac đavo; i slasti oca svog hoćete da činite. On je krvnik ljudski od početka, i ne stoji na istini; jer nema istine u njemu. Kad govori laž, svoje govori: jer je laža i otac laži."

Zbog Adamove neposlušnosti, celo čovečanstvo je rođeno kao deca neprijatelja đavola, koji je vladar tame. Samo oni koji prime oproštaj verom u Isusa Hrista se ponovo rađaju kao Božja deca. Ipak, ako vi tvrdite da verujete u Isusa Hrista, a vaše srce je ipak puno greha i zla, onda se vi ne možete nazvati istinskim Božjim detetom.

Ako mi želimo da postanemo Božja deca i primimo spasenje, mi se moramo brzo pokajati za sva naša dela mesa i stvari mesa i brati odgovarajuće plodove pokajanja tako što ćemo delati u skladu sa željama Svetog Duha.

Ne verujte da je Avram vaš otac

Nakon što je objavio farisejima i sadukejima da beru plodove u skladu sa pokajanjem, Jovan Krstitelj je nastavio da govori: „I ne mislite i ne govorite u sebi: „Imamo oca Avrama; jer vam kažem da može Bog i od kamenja ovog podignuti decu Avramu"" (Jevanđelje po Mateju 3.9).

Koje je duhovno značenje ovog stiha? Potomak Avramov

treba da liči na Avrama. Ali za razliku od Avrama, koji je otac vere i čovek pravednosti, fariseji i sadukeji su bili ispunjeni bezakonjem i nepravednošću u njihovim srcima. Dok su činili zla dela i povinovali se đavolu, oni su sebe smatrali da su Božja deca. Zbog toga ih je Jovan prekorio poredeći ih sa Avramom. Bog vidi središte ljudskog srca, a ne spoljni izgled (1. Samuelova Poslanica 16:7).

U Poslanici Rimljanima 9:6-8 čitamo: „A nije moguće da reč Božija prođe. Jer nisu svi Izrailjci koji su od Izrailja; niti su svi deca koji su seme Avraamovo, nego: „u Isaku, reče, nazvaće ti se seme." To jest, nisu ono deca Božija što su po telu deca, nego deca obećanja primaju se za seme."

Otac Avram je imao mnogo sinova; ipak, samo su potomci Isaka postali istinski potomci Avrama – potomci obećanja. Fariseji i sadukeji su bili Izraelci po krvi, ali za razliku od Avrama, oni se nisu držali Božje Reči. Tako, duhovno govoreći, oni nisu mogli biti priznati za istinsku decu Avramovu.

Na isti način, ako neko prihvati Isusa Hrista i posećuje crkvu, to ne znači da oni automatski postaju Božja deca. Božje dete se odnosi na osobu koja je primila spasenje kroz veru. Štaviše, imati veru ne znači samo slušati Božju Reč. To znači primeniti ovo na dela. Ako mi našim usnama izjavljujemo da smo Njegovo dete, a ipak su naša srca ispunjena nepravednošću koju Bog prezire, mi se ne možemo nazivati Božjom decom.

Da je Bog želeo decu koja deluju iz zla, kao što su fariseji i sadukeji, On bi izabrao beživotno kamenje koje se kotrlja po zemlji da budu Njegova deca. Ali to nije bila Božja volja.

Bog je želeo da ima istinsku decu sa kojom će On moći da podeli Njegovu ljubav. On je želeo decu kao što je Avram, koji je voleo Boga i povinovao se Njegovim rečima u potpunosti i koji je delao iz ljubavi i dobrote sve vreme. Ovo je zato što ljudi koji ne odbace zlo iz njihovih srca, ne mogu istinski doneti radost Bogu. Ako mi živimo kao fariseji i sadukeji, sledeći volju đavola umesto Božju volju, onda Bog nema potrebe da ulaže toliki trud u stvaranje čoveka i njegovu kultivaciju. On je onda mogao uzeti kamenje i pretvoriti ih u Avramove potomke!

„Svako dakle drvo koje ne rađa rod dobar, seku i u oganj bacaju"

Jovan Krstitelj rekao je farisejima i sadukejima: „Već i sekira kod korena drvetu stoji; svako dakle drvo koje ne rađa dobar rod, seče se i u oganj baca" (Jevanđelje po Mateju 3:10). Ono na šta Jovan ovde misli je to, da pošto je Božja Reč objavljena, svakome će se suditi u skladu sa njegovim delima. Zbog toga svako drvo koje ne rađa dobar rod—kao fariseji i sadukeji—biće bačeno u oganj Pakla.

U Jevanđelju po Mateju 7:17-21, Isus je rekao: „Tako svako drvo dobro rodove dobre rađa, a zlo drvo rodove zle rađa." Ne može drvo dobro rodova zlih rađati, ni drvo zlo rodova dobrih rađati. Svako dakle drvo koje ne rađa rod dobar, seku i u oganj bacaju. I tako dakle, po rodovima njihovim poznaćete ih. Neće svaki koji Mi govori: „Gospode, Gospode" ući u carstvo nebesko; no koji čini po volji Oca Mog koji je na nebesima."

Isus je takođe rekao u Jevanđelju po Jovanu 15:5-6: „Ja sam čokot a vi loze; i koji bude u Meni i Ja u njemu on će roditi mnogi rod; jer bez Mene ne možete činiti ništa. Ko u Meni ne ostane izbaciće se napolje kao loza, i osušiće se, i skupiće je, i u oganj baciti, i spaliti." Ovo znači da Božja deca koja čine u skladu sa Njegovom voljom i koja rađaju predivne plodove, ući će u Raj, ali oni koji to nisu su deca đavola i biće bačeni u oganj Pakla.

Kada Biblija govori o Paklu, često se koristi reč „oganj." Otkrivenje Jovanovo 21:8 kaže: „A strašljivima i nevernima i poganima i krvnicima, i kurvarima, i vračarima, i idolopoklonicima, i svima lažama, njima je deo u jezeru što gori ognjem i sumporom; koje je smrt druga." Prva smrt je kada se nečiji fizički život završi, a druga smrt je kada duša, ili gospodar osobe, primi osudu i padne u večni oganj Pakla koji nikad ne umire.

Pakao se sastoji od jezera gorućeg ognja ili „sumpora." Oni ljudi koji ne veruju u Boga i oni koji tvrde da veruju u Njega ali praktikuju nepravednost i ne rađaju plodove pokajanja nemaju ništa sa Bogom; zbog toga će oni otići u jezero ognja u Pakao. Oni ljudi koji su učinili nešto tako zlo što je ljudski nezamislivo, ili oni koji su se usprotivili Bogu na ozbiljan način, ili ako su se predstavljali za lažnog proroka i doveli do toga da mnogo ljudi ode u Pakao, otići će u jezero gorućeg sumpora, koje je sedam puta vrelije od jezera ognja (Otkrivenje Jovanovo 19:20).

Neki raspravljaju o tome da kada jednom primite Svetog Duha i vaše ime se zapiše u Knjigu Života, vi ćete biti spašeni bez obzira na sve. Ipak, to nije istina. U Otkrivenju Jovanovom 3:1 čitamo: „Znam tvoja dela, da imaš ime da si živ, a mrtav si." Otkrivenje Jovanovo 3.5 govori: „Koji pobedi on će se obući u haljine bele, i neću izbrisati ime njegovo iz knjige života, i priznaću ime njegovo pred Ocem Svojim i pred anđelima Njegovim." „Ti imaš ime da si živ" odnosi se na one koji su prihvatili Isusa Hrista i čije je ime zapisano u Knjizi života. Ipak, ovaj stih pokazuje da uprkos tome, ako neko greši i ide putem smrti, njegovo ime može biti izbrisano iz knjige.

U Izlasku 32:32-33, mi imamo scenu u kojoj je Bog besan na Izraelce i na ivici je da ih uništi zbog njihovog idiopoklonstva. U to vreme, Mojsije se zauzeo za sinove Izraela moleći Boga da im oprosti – čak i ako to znači brisanje njegovog imena iz Knjige života. A na ovo Bog govori: „Ko Mi je zgrešio, onog ću izbrisati iz knjige Svoje" (Izlazak 32:33). To znači da iako je vaše ime zapisano u knjizi, ono može biti izbrisano ako se udaljite od Boga.

Zapravo, ima mnogo mesta u Bibliji koja govore o odvajanju pšenice od pleve među vernicima. Jevanđelje po Mateju 3:12 kaže: „Njemu je lopata u ruci Njegovoj, pa će otrebiti gumno Svoje, i skupiće pšenicu Svoju u žitnicu, a plevu će sažeći ognjem večnim." Takođe se u Jevanđelju po Mateju 13:49-50 kaže: „Tako će biti na poletku veka: izići će anđeli i odlučiće zle od pravednih; i baciće ih u peć ognjenu: onde će biti plač i škrgut zuba."

Ovde, „pravedni" se odnosi na vernike, a „zli od pravednih" se odnosi na one koji tvrde da su vernici, ali isto kao i pleva, imaju mrtvu veru, što je vera bez dela. Ovi ljudi će biti bačeni u oganj Pakla.

Plodovi u skladu sa pokajanjem

Jovan Krstitelj je podsticao ljude ne samo da se pokaju, več da u isto vreme ubiraju plodove u skladu sa pokajanjem. Onda, šta su plodovi u skladu sa pokajanjem? To su plodovi svetlosti, plodovi Svetog Duha i plodovi ljubavi, koji su predivni plodovi istine.

Mi možemo o ovome da pročitamo u Poslanici Galaćanima 5:22-23: „A rod je duhovni ljubav, radost, mir, trpljenje, dobrota, milost, vera, krotost, uzdržanje; na to nema zakona." A Poslanica Efežanima 5:9 govori: „Jer je rod duhovni u svakoj dobroti i pravdi i istini." Među svim ovima hajde da pogledamo na devet plodova Svetog Duha, koja izuzetno predstavljaju ove „dobre plodove."

Prvi plod je ljubav. Poglavlje 13, 1. Korinćanima Poslanice nam govori o čemu ljubav govori: „Ljubav dugo trpi, milokrvna je; ljubav ne zavidi; ljubav se ne veliča, ne nadima se, i tako dalje" (stihovi 4-5). Drugim rečima, istinska ljubav je duhovna ljubav. Štaviše, ova vrsta ljubavi je ljubav žrtvovanja sa kojom neko može dati i svoj život za Božje kraljevstvo i Njegovu pravednost. Neko može zadobiti ovu vrstu ljubavi ako odbaci greh, zlo i nepravednost i postane posvećen.

Drugi plod je radost. Ljudi koji imaju plod radosti mogu biti radosni ne samo kada stvari dobro idu, već i u svim okolnostima i situacijama. Oni su uvek radosni u središtu nade za Nebesima. Zbog toga oni ne brinu; i bez obzira na to sa kakvim se problemima susreću, oni se mole sa verom, te primaju odgovore na njihove molitve. Zbog toga što veruju da je svemogući Bog njihov Otac, oni se uvek mogu radovati, mogu se stalno moliti i biti zahvalni u svim okolnostima.

Mir je treći plod. Osoba sa ovim plodom ima srce koje se ni sa kim ne sukobljava. Zbog toga što takvi ljudi nemaju mržnju, sklonost ka borbi ili svađi, nisu egocentrični ni sebični, oni mogu staviti druge ispred sebe, žrtvovati se za njih, služiti im i ponašati se prema njima ljubazno. Kao rezultat, oni mogu uvek dostići mir.

Četvrti plod je strpljenje. Ubirati ovaj plod znači biti strpljiv u istini kroz razumevanje i opraštanje. Ovo ne znači „izgledati" strpljivo smirivanjem besa koji unutra ključa. To znači odbaciti zla kao što su ljutnja i bes, a umesto toga ispuniti se dobrotom i istinom. To znači razumeti sve vrste ljudi i prihvatiti ih. I zbog toga što osoba koja ubire ovaj plod nema negativnih emocija, uopšte nema potrebe za rečima kao što su „oproštaj" i „biti strpljiv." Ne samo da se ovaj plod tiče odnosa sa ljudima, već to takođe znači biti strpljiv sa samim sobom kad se odbacuje zlo u svom srcu i čekati strpljivo dok se na molitve i molbe podignute do Boga ne odgovori.

Peti plod, dobrota, znači razumeti kada je nešto ili nekog nemoguće razumeti. Ova dobrota je takođe oproštaj, kada je nemoguće oprostiti. Ako vi imate egocentrične misli ili osećate da ste stalno u pravu, vi ne možete ubirati plod milosti. Samo onda kada se odreknete samog sebe, prihvatite sve stvari širokim srcem i gledate na druge ljude s ljubavlju, vi ćete moći da istiski razumete i oprostite.

Šesti plod je dobrota. To znači oponašati Isusovo srce: srce koje se nikad ne raspravlja niti postaje hvalisavo; ne lomi izmučenu trsku, niti gasi tinjajući fitilj. Ovo je istinsko srce koje, odbacivši sve grehe, uvek traži dobrotu u Svetom Duhu.

Sedmi plod je vernost. To znači verovati do smrti – kada se radi o borbi protiv greha i odbacivanju greha, da bi se dostigla istina u vašem srcu. To takođe znači biti lojalan i veran kada se radi o ispunjavanju dužnosti prema crkvi, domaćinstvu, poslu, ili prema bilo kojim dužnostima koje imate. To znači biti veran u „svim Božjim domaćinstvima."

Osmi plod je krotkost. Imati plod krotkosti znači imati srce koje je meko kao pamuk, koje nekom omogućava da prihvati sve vrste ljudi. Ako dostignete krotko srce, bez obzira na to ako neko dođe i pokuša da vas uvredi, vi se nećete uvrediti niti biti povređeni. Kao kada neko baci kamen na pamuk, pamuk ga prihvati i pokrije, tako ćete i vi ako ubirete plod krotkosti, moći da prihvatite i da budete hladovina za mnogo ljudi koji vam dolaze i traže mesto za odmor.

Najzad, ako ubirete plod uzdržanja, vi možete uživati u stabilnosti u svim oblasitma vašeg života. A u urednom životu, vi možete ubirati sve ispravne vrste plodova u odgovarajuće vreme. Stoga, vi možete uživati u prelepom i blagoslovenom životu.

Zato što Bog želi da mi imamo ovakva lepa srca, On govori u Jevanđelju po Mateju 5:14: „Vi ste videlo svetu," a u stihu 16: „Tako da se svetli vaše videlo pred ljudima, da vide vaša dobra dela, i slave Oca vašeg koji je na nebesima." Ako mi možemo da ubiremo plodove Svetlosti koji su u skladu sa pokajanjem, tako što ćemo istinski biti na Svetlosti, onda će se u našim životima prelivati dobrota i pravednost i istina (Poslanica Efežanima 5:9).

Ljudi koji ubiraju plodove u skladu sa pokajanjem

Kada se mi pokajemo zbog naših grehova i ubiremo plodove u skladu sa pokajanjem, onda Bog priznaje ovo za veru i blagosilja nas odgovarajući na naše molitve. Bog nam daje milost kada se mi pokajemo iz dubina naših srca.

Tokom njegovih perioda iskušenja, Jov je otkrio zlo u

njegovom srcu i pokajao se u prašini i pepelu. U to vreme, Bog je iscelio sve otekle čireve na njegovom telu i blagoslovio ga sa duplim izobiljem koje je ranije imao. Takođe ga je blagoslovio decom koja su bila još lepša nego ona koju je ranije imao (Jov, poglavlje 42). Kada se prorok Jona pokajao dok je bio zarobljen u trbuhu ogromne ribe, Bog ga je spasio. Narod Ninevija je postio i pokajao se nakon što su primili upozorenje o Božjem gnevu koji se nadneo nad njih zbog njihovih grehova i Bog im je oprostio (Jona, poglavlja 2-3). Jezekiju, 13. kralju južnog kraljevstva Judeje, Bog je rekao: „Ti ćeš umreti i nećeš živeti." Ipak, kada je on povikao u pokajanju, Bog mu je produžio život još 15 godina (2 Knjiga Kraljevima, poglavlje 20).

Na ovaj način, čak i ako neko počini zlo delo, ako se on ili ona pokaju iz središta njenog ili njegovog srca i istinski se okrenu od greha, Bog prima to pokajanje. Bog čuva Njegov narod, kao što je zapisano u Psalmima 103:12: „Koliko je istok daleko od zapada, toliko udaljuje od nas bezakonja naša."

U 2. Knjizi Kraljevima, poglavlje 4, mi vidimo jednu uglednu ženu iz Sunima koja je verno služila proroku Jeliseju njenim gostoprimstvom. Iako ona to nije tražila, ona je dobila sina koga je dugo želela. Ona nije služila da bi primila blagoslov, već je služila Jeliseja jer je volela i bilo joj je stalo do Božjeg sluge. Bog je bio zadovoljan njenim dobrim delom i blagoslovio je blagoslovom začeća.

Takođe, u Delima Apostolskim, poglavlje 9, mi vidimo Tabitu, učenicu koja je u izobilju imala dela dobrote i milosrđa.

Kada se razbolela i umrla, Bog je iskoristio Petra da je vrati u život. Onoj voljenoj deci koja ubiraju prelepe plodove, Bog želi da im odgovori na molitve i da im da Njegovu milost i blagoslove.

Zbog toga mi jasno moramo znati Božju volju i ubirati plodove u skladu sa pokajanjem. Mi onda treba da oponašamo srce Gospoda i da praktikujemo pravednost. Reflektijući sebe u skladu sa Božjom Reči, ako bilo koji segment vašeg života nije u skladu sa Božjom Reči, ja se molim da se vi okrenete Njemu, time što ćete ubirati plodove Svetog Duha, plodove Svetlosti i plodove ljubavi, da biste mogli da primate odgovore na sve vaše molitve.

Rečnik

Razlika između roba i prijatelja

„Greh" je bilo koje delo koje nije u skladu sa verom. To je ne činjenje ispravne stvari a znati da je to ispravno. U širem obimu, sve što nema veze sa verom je greh; zbog toga je neverovanje u Isusa Hrista najveći greh.

„Zlo"je bilo šta što je neprihvatljivo kada se reflektuje na Božju Reč, to je sve što je suprotno isitni. To su grešne prirode koje stanuju u srcu. U skladu sa tim, greh je specifični, spoljašnji izraz, ili vidljiva forma zla u nečijem srcu. Zlo je nevidljiva priroda; zbog toga je greh utvrđen kao rezultat zla u nečijem srcu.

Šta je dobrota?

U rečniku, dobrota je „stanje ili kvalitet dobrog, moralna veština, vrlina." Ipak, u zavisnosti od savesti neke osobe, merilo dobrote može biti različito. Zbog toga se apsolutno merilo dobrote mora naći u Božjoj Reči koji je i sam dobrota. Zbog toga, dobrota je istina, naime Božja Reč. To je Njegova sama volja i misao.

Poglavlje 5

„Mrzeći na zlo; držite se dobra."

„Ljubav da ne bude lažna. Mrzeći na zlo držite se dobra."
(Poslanica Rimljanima 12:9)

U današnje vreme mi možemo videti zlo u odnosima između roditelja i dece, između supružnika, među braćom i sestrama i među komšijama. Ljudi tuže jedni druge oko nasledstva, a u nekim slučajevima ljudi izdaju jedni druge zbog koristi. Ovo ne samo da dovodi do toga da se drugi mršte na njih; već im takođe donosi i velike patnje. Zbog toga je Bog rekao: „Uklanjajte se od svakog zla" (1. Solunjanima Poslanica 5:22).

Svet kaže za osobu da je „dobra" kada je on ili ona moralno ispravna i savesna. Ipak, ima mnogo slučajeva kada nečiji „dobar" moral i savest nisu baš tako dobri kada se odražavaju kroz Božju Reč. Štaviše, ponekad je to u potpunoj kontradiktornosti sa

Božjom voljom. Jednu istinu koju mi moramo ovde zapamtiti je da je Božja Reč—i Njegova Reč samo—apsolutno merilo za „dobrotu." Zbog toga, sve i bilo šta što nije u potpunosti u skladu sa Božjom Reči je zlo.

Onda, kako se greh i zlo razlikuju? Ove dve stvari se čine da su slične, ali se razlikuju. Na primer, ako koristimo drvo kao ilustraciju, zlo je slično korenju koje je ispod zemlje i nevidljivo, dok je greh vidljivi deo drveta, kao što su grane, lišće i plodovi. Kao što drvo može da živi zbog njegovih korenja, osoba greši zbog zla koje je u njoj. Zlo je jedna od priroda unutar nečijeg srca i ono obuhvata osobine i uslove koji su Bogu kontradiktorni. Kada ovo zlo uzme formu u kojoj se izražava, kao što je misao ili delo, onda se naziva „greh."

Kako se zlo prikazuje kao greh

Jevanđelje po Luki 6:45 govori: „Dobar čovek iz dobre kleti srca svog iznosi dobro, a zao čovek iz zle kleti srca svog iznosi zlo, jer usta njegova govore od suviška srca." Ako „mržnja" postoji u srcu, ona izlazi napolje u vidu „sarkastičnih primedbi," „oštrih reči," ili drugih specifičnih grehova kao što su ovi. Da bismo videli kako zlo koje je u srcu izlazi napolje u vidu greha, pogledajmo bliže Davida i Judu Iskariotskog.

Jedne noći dok je kralj David šetao po svojoj terasi, video je ženu koja se kupala i pao je u iskušenje. Pozvao je i počinio preljubu sa njom. Ova žena je bila Vitsava, i u to vreme njen muž, Urija, nije bio tu jer je otišao u rat. Kada je David saznao da je Vitasava trudna, on je skovao zaveru da ubije Urija na bojnom polju i da uzme Vitsavu za ženu.

Naravno, David je samo imenovao Urija da predvodi rat—on ga zapravo nije ubio—a u to vreme, kao kralj, David je imao svu moć i vlast da ima onoliko žena koliko želi. Ipak, u Davidovom srcu, on je imao jasnu nameru da Urija bude ubijen. Na ovaj način, ako vi imate zlo u nekoj oblasti vašeg srca, vi možete zgrešiti bilo kada.

Kao posledica ovog greha, sin kog je David imao sa Vitsavom je umro; a njegov drugi sin Avšalom, izdao ga je. Kao rezultat, David je morao da beži, a Avšalom je počinio gnusno delo spavajući sa očevim konkubinama pred njegovim ljudima u sred bela dana. Usled ovog događaja, mnogo ljudi iz kraljevstva je umrlo, uključujući i Avšaloma. Greh preljube i ubistva donelo je veliko stradanje za Davida i njegov narod.

Juda Iskariotski, jedan od Isusovih dvanaest učenika je najbolji primer izdaje. Tokom 3 godine koje je proveo sa Isusom, on je video sva čuda koja se mogu desiti samo uz pomoć Božje moći. On se brinuo o novcu među učenicima, a imao je muke da odbaci greh pohlepe iz svog srca i s vremena na vreme je uzimao novac iz kese i koristio ga za svoje sopstvene potrebe. Konačno, njegova pohlepa, dovela je do toga da je izdao svog učitelja, a njegova sopstvena krivica naterala ga je da se obesi.

Tako, ako imate zlo u vašem srcu, vi nikad ne znate u kom će obliku to zlo izaći na videlo. Čak i ako je to mala forma zla, ako raste, Sotona može delati kroz njega i uvući vas u greh koji vi sami ne možete izbeći. Vi možete izdati neku osobu, ili čak Boga. Ova vrsta zla donosi bol i patnje vama i ljudima oko vas.

Ovo je razlog zbog kog vi morate mrzeti ono što je zlo i odbaciti i najmanju formu zla. Ako vi mrzite zlo, vi ćete se prirodno udaljiti od tog zla, nećete misliti o tome i nećete ga izvršiti. Bićete samo dobri. Zbog toga je Bog rekao da mrzimo ono što je zlo.

Razlog zbog kog bolest, testiranje, iskušenje i nevolje dolaze na nas je zato što smo mi počinili dela mesa tako što smo dozvolili da se zlo u našim srcima ispolji kao greh. Ako mi ne kontrolišemo naša srca i počinimo dela mesa, mi se u Božjim očima ne razlikujemo od životinja. Ako je ovo slučaj, biće Božji gnev i on će nas kazniti da bismo opet bili kao ljudi a ne kao životinje.

Odbaciti zlo i postati osoba od dobrote

Iskušenja i nevolje ne dolaze samo zbog misli u neistini ili zbog dela mesa koji postoje u srcu. Ali misli se mogu razviti u dela mesa (grešna dela) bilo kada, te se mi moramo rešiti stvari mesa.

Pre svega, ako neko ne veruje u Boga čak i nakon što je video čuda koja je On učinio, to je zlo među svim zlom. U Jevanđelju po Mateju 11:20-24, Isus je osudio gradove u kojima se najviše Njegovih čuda dogodilo jer se oni nisu pokajali. Harazinu i Vitsaidi, Isus je rekao: „Ali vam kažem," i On je upozorio: „Tiru i Sidonu lakše će biti u dan strašnog suda nego vama."

A Kapernaumu On je rekao: „Ali vam kažem da će zemlji sodomskoj lakše biti u dan strašnog suda nego tebi."

Tir i Sidon se odnosi na dva blaga grada. Vitsaida i Harazin su izraelski gradovi severno od Galilejskog mora. Vitsaida je takođe rodni grad trojice učenika: Petra, Andreja i Filipa. Ovde je Isus otvorio oči slepom čoveku i gde je izveo veliko čudo dve ribe i pet hlebova ječmenih kojima je nahranio 5000 ljudi. Pošto su videli čudo koje im je dalo više nego dovoljno dokaza da veruju u Isusa, oni su trebali da prate, da se pokaju i da odbace zlo iz njihovih srca u skladu sa Njegovim učenjima. Ali oni to nisu učinili. Zbog toga su bili kažnjeni.

Isto važi i za nas danas. Ako je neko svedok znakova i čuda koje izvodi neko od Boga, a on ili ona još uvek ne veruje u Boga, već sudi i osuđuje situaciju ili osobu od Boga, onda ta osoba pokazuje dokaz da u njenom srcu ima zla. Onda, zašto ljudi ne mogu da poveruju? To je zato što oni moraju da obuzdaju i odbace stvari mesa, ali oni to ne čine. Umesto toga, oni čine dela mesa i čine grehove. Što više greše, to više njihovo srce postaje bezobzirno i otvrdnulo. Njihove savesti postaju neosetljive i konačno spržene kao vrelim gvožđem.

Iako Bog pokazuje čuda za njih da ih vide, ljudi kao što su ovi nisu u stanju da zadobiju razumevanje i da veruju. Pošto nema razumevanja, oni se ne mogu pokajati, a pošto se ne mogu pokajati, oni ne mogu prihvatiti Isusa Hrista. Ovo je slično osobi koja krade. Prvo, osoba se plaši da ukrade i najmanju stvar; ali nakon ponavljanja dela nekoliko puta, ona ne oseća ni grižu savesti nakon krađe velike stvari, jer je njeno srce postalo bezobzirno u toku procesa.

Ako mi volimo Boga, jedino je ispravno da preziremo zlo i da se držimo dobrog. Da bismo ovo uradili, mi najpre moramo prestati da činimo sva dela mesa i da onda takođe odbacimo sve stvari mesa iz naših srca.

A kada smo u procesu odbacivanja greha i zla, mi možemo izgraditi vezu sa Bogom i primiti Njegovu ljubav (1. Jovanova Poslanica 1:7, 3:9). Naša lica će uvek odražavati preobilnu radost i zahvalnost, mi možemo primiti isceljenje od bilo koje bolesti i mi možemo primiti rešenja na bilo koje probleme koje možda imamo u našoj porodici, na poslu itd.

Zlobne i preljubnički nastrojene generacije koje žude za znakom

U Jevanđelju po Mateju 12:38-39, mi vidimo neke pisare i fariseje koji zahtevaju od Isusa da im pokaže znak. Isus im je onda rekao da zle i preljubnički nastrojene generacije žude da vide znak. Na primer, ima ljudi koji kažu: „Ako mi pokažeš Boga, verovaću," ili „Ako oživiš mrtvu osobu, verovaću." Ovakvi ljudi ne govore ovo sa nevinim srcem koje iskreno želi da veruje. Oni ovo govore jer sumnjaju.

Tako ova sklonost da se ne veruje u istinu, ili sklonost da se isključi ili sumnja u nekog što je bolje od njih samih, ili želja da se odbije bilo šta što se ne slaže sa njihovim mišljenjem ili pogledom, sve dolazi iz duhovno preljubničke prirode. Dok su odbijali da veruju, ljudi koji su zahtevali znak urotili su se i zategli su mrežu da bi kod Isusa upecali neku grešku—kako bi Njega prognali i osudili.

Što više samopravednosti, arogancije i sebičnosti ljudi imaju, to više ta generacija postaje preljubnička. Kako civilizacija postaje naprednija kao što je danas, to više ljudi traži da vidi znakove. Ipak, ima mnogo ljudi koji vide znakove, a koji i dalje ne veruju! Nije ni čudo što je ova vrste generacije prekorena jer je zla i preljubnička generacija! Ako vi mrzite zlo, vi se nećete baviti zlom. Ako izmet dospe na vaše telo, vi ćete ga oprati. Greh i zlo, koji razlažu dušu i vuku je putem smrti, su još prljaviji, smrdljiviji i ružniji od izmeta. Mi ne možemo porediti prljavost grehova sa izmetom.

Kakve tipove zla mi treba da mrzimo? U Jevanđelju po Mateju, poglavlje 23, Isus prekoreva pisare i fariseje govoreći: „Teško vama..." On koristi izraz: „Teško vama," označavajući da oni neće primiti spasenje. A mi ćemo podeliti razloge u sedam kategorija i proučiti ih detaljnije.

Oblici zla kojih treba da se gadimo

1. Zatvaranje vrata Nebesa kako drugi ljudi ne bi mogli da uđu

U Jevanđelju po Mateju 23:13, Isus je rekao: „Teško vama književnici i fariseji, licemeri, što zatvarate carstvo nebesko od ljudi; jer vi ne ulazite niti date da ulaze koji bi hteli."

Pisari i fariseji su znali i zabeležili su Božje Reči i ponašali su se kao da drže Božju Reč. Ali njihova srca su otvrdnula i oni su obavljali Božji posao površno—stoga su bili prekoreni. Iako su imali sve formalnosti i osvećenost, njihova srca su bila prepuna bezakonja i zla. Kada su videli Isusa da izvodi čuda koja su ljudski nemoguća, umesto da prepoznaju ko je On bio i da se raduju, oni su prizvali sve moguće zavere da mu se suprotstave. Oni su takođe predvodili Njegovu smrt.

Ovo je istina za ljude u ovom dobu takođe. Ljudi koji tvrde da veruju u Isusa Hrista, a ipak ne žive odgovarajućim modelom života spadaju u ovu kategoriju. Ako vi naterate nekog da kaže: „Ja ne želim da verujem u Isusa zbog ljudi kao što si ti," onda ste vi osoba koja zatvara carstvo nebesko za ljude. Ne samo da nećete otići u Raj; već vi takođe onemogućavate i druge da uđu.

Ljudi koji tvrde da veruju uBoga, ali nastavljaju da prave kompromise sa svetom su takođe oni koje je Isus prekorio. Ako u poretku crkve, osoba sa crkvenim zvanjem koja je na položaju da podučava, pokaže mržnju prema drugoj osobi, razbesni se ili dela iz neposlušnosti, kako novi Hrišćanin može gledati na tu osobu i verovati mu, a kamoli ga poštovati? Oni će najverovatnije biti razočarani, a možda će i izgubiti veru. Ako među nevernicima ima onih čije žene ili muževi pokušavaju da uvećaju svoju veru, a oni ih ili progone ili ih teraju da delaju iz zla i učestvuju u grehu, oni će takođe primiti prekor: „Teško vama."

2. Kada bi prisvojili jednog, i kad ga prisvojite, činite ga sinom paklenim, udvoje većim od sebe

U Jevanđelju po Mateju 23:15, Isus govori: „Teško vama književnici i fariseji, licemeri, što prohodite more i zemlju da bi prisvojili jednog, i kad ga prisvojite, činite ga sinom paklenim, udvoje većim od sebe."

Postoji stara izreka da će snaja kojoj je svekrva zadavala probleme, svojoj snaji zadavati još teže probleme. Ono što neko vidi i iskusi postaje ugrađeno u njenu memoriju i podsvesno se taj ponaša u skladu sa onim što je iskusio. Zbog toga je ono što naučite i od koga naučite veoma važno. Ako učite hrišćanski put od ljudi kao što su pisari i fariseji, onda ćete, kao slepac koji vodi drugog slepca, vi upasti u zlo zajedno sa njim.

Na primer, ako vođa uvek sudi i osuđuje druge, ogovara i govori negativno, vernici koji uče od njega će takođe postati pokvareni od njegovih dela i zajedno će ići putem smrti. U društvu, deca koja odrastaju u porodicama u kojima se roditelji stalno svađaju i mrze se, imaju veću šansu da odlutaju, nego ona deca koja rastu u mirnim porodicama.

Zbog toga roditelji, učitelji i druge vođe moraju biti bolji primeri, pre svih drugih. Ako reči i dela ovih ljudi nisu primereni, oni zaista mogu dovesti do posrnuća drugih. Čak i u crkvi, ima slučajeva kada sluga ili vođa nije dobar uzor, te oni dovedu do opstrukcije obnavljanja ili rasta njihove male grupe, odeljenja ili organizacije. Mi moramo shvatiti da ako ovo radimo, mi doprinosimo ne samo nama samima, već i drugima da postnu sinovi Pakla.

3. Iznošenje volje Božje na pogrešan način, zbog pohlepe i laži

U Jevanđelju po Mateju 23:16-22, Isus govori: „Teško vama vođe slepe koji govorite: „Ako se ko kune crkvom ništa je; a ako se ko kune zlatom crkvenim kriv je." Budale slepe! Šta je veće, ili zlato, ili crkva koja zlato osveti. I: „Ako se ko kune oltarom ništa je to, a koji se kune darom koji je na njemu kriv je." Budale slepe, šta je veće, ili dar, ili oltar koji dar osveti? Koji se dakle kune oltarom, kune se njim i svim što je na njemu. I koji se kune crkvom, kune se njom i Onim što živi u njoj. I koji se kune nebom, kune se prestolom Božjim i Onim koji sedi na njemu."

Ova poruka ja prekor onima koji lažno podučavaju Božju volju zbog pohlepe, obmane i sebičnosti u njihovim srcima. Ako se neko zavetuje ili obeća Bogu, učitelji bi trebalo da ga nauče da održi to obećanje, ali učitelji su podučavali ljude da to ostave na stranu i da održe obećanja samo u vezi novca ili materijalne imovine. Ako sveštenik zapostavi podučavanje ljudi da žive u istini i potencira samo ponude, onda je on vođa koji je postao slep.

Pre svega drugog, vođa mora da podučava ljude da se pokaju za svoje grehe, da kultiviše Božju pravednost i stoga ulazak u carstvo nebesko. Zavetovanje u hramu, Isus Hrist, oltar i Nebeski presto, sve je to isto, stoga se taj mora držati tog zaveta.

4. A ostaviste šta je najpretežnije u Zakonu

U Jevanđelju po Mateju 23:23-24, Isus govori: „Teško vama književnici i fariseji, licemeri! Što dajete desetak od metvice i od kopra i od kima, a ostaviste šta je najpretežnije u zakonu: pravdu i milost i veru; a ovo je trebalo činiti i ono ne ostavljati. Vođe slepe koji oceđujete komarca a kamilu proždirete!"

Ososba koja istinski veruje u Boga će davati cele desetke. Ako mi dajemo cele destke, mi primamo blagoslove; ali ako ne dajemo mi pljačkamo Boga (Malahija 3:8-10). Da, pisari i fariseji su davali desetke; a Isus ih je prezirao jer su zanemarivali pravdu, milosrđe i poštenje. Šta onda znači zanemarivati pravdu, milosrđe i poštenje?

„Pravda" označava odbacivanje greha, život u skladu sa Božjom Rečju i povinovanje Njemu u veri. „Povinovati se" prema svetovnim merilima znači poslušati i učiniti nešto što smo u stanju da učinimo. Ipak, u istini, „povinovati se" znači poslušati i učiniti one stvari za koje se čini da su nemoguće. U Bibliji, proroci koji su bili priznati od Boga, povinovali su se Njegovoj Rečju sa verom. Oni su razdelili Crveno More, uništili zid Jerihona i zaustavili tok reke Jordan. Da su oni ubacili ljudske misli u te situacije, ove stvari se nikada ne bi dogodile. Ali sa verom, oni su se povinovali Bogu i učinili ih mogućim.

„Milost" znači ispuniti celokupnu dužnost kao čovek u svim oblastima života. Postoje osnovi morala i etike na ovom svetu kojih se ljudi mogu pridržavati da bi ostali ljudska bića. Ipak, ovi standardi nisu savršeni. Iako se neko spolja čini kulturnim i prefinjenim, ako on ima zla u sebi, mi ne možemo reći da je on istinski prefinjen. Da bismo mi živeli život koji je vredan, mi moramo ispuniti celokupnu dužnost čoveka, a to je povinovanje Božjim zapovestima (Knjiga Propovednika 12:13).

„Poštenje" takođe označava učestvovati u Božjoj božanskoj prirodi kroz veru (2. Petrova Poslanica 1:4). Božja svrha stvaranja Nebesa i zemlje, svih stvari u njima i čovečanstva jeste da se zadobiju deca koja odražavaju Njegovo srce. Bog nam je rekao da budemo istina kao što je On isitna i da budemo savršeni, kao što je On savršen. Mi ne treba da imamo puki izgled osvećenosti. Samo onda kada odbacimo zlo iz naših srca i potpuno se povinujemo Njegovim zapovestima, možemo zaista učestvovati u Božjoj božanskoj prirodi.

Ipak, pisari i fariseji Isusovog vremena zanemarili su pravdu, milosrđe i poštenje i usredsredili se jedno na ponude i žrtve. Bog je zadovoljniji pokajničkim srcem, nego žrtvama koje nude lažna srca (Psalmi 51:16-17). Ipak, oni su podučavali nešto što nije bilo u skladu sa Božjom voljom. Osoba koja podučava prvo treba da istakne ljudske grehe, pomogne im da ubiraju plodove u skladu sa pokajnjem i da ih vodi miru sa Bogom. Nakon toga, treba da ih poduči o davanju desetka, formalnostima bogosluženja, molitvi itd., dok ne dostignu potpuno spasenje.

5. Čistite spolja čašu i zdelu a iznutra su pune grabeža i nepravde

U Jevanđelju po Mateju 23:25-26, Isus je rekao: „Teško vama književnici i fariseji, licemeri! Što čistite spolja čašu i zdelu a iznutra su pune grabeža i nepravde. Fariseju slepi, očisti najpre iznutra čašu i zdelu da budu i spolja čiste."

Ako pogledate u providnu čašu od kristala, ona je vrlo čista i lepa. Ipak, u zavisnosti od toga šta u nju stavite, ona može još lepše zasjati ili postati ukaljana. Ako je napunjena prljavom vodom, postaće samo prljava čaša. Na isti način, čak i ako se neko od spolja čini da je dobra osoba od Boga, ako je njegovo srce zlo, Bog koji vidi srce, videće i prljavštinu iznutra i smatraće ga ukaljanim. U međuljudskim odnosima takođe, bez obzira na to koliko je neko čist, dobro obučen i kultran od spolja, ako mi otkrijemo da su oni puni mržnje, zavisti, ljubomore i svih vrsta zla, mi osećamo nečistotu i sramotu. Onda, kako bi se Bog, koji je pravedan i istina sam po sebi, osećao kada vidi ljude kao što su ovi? Zbog toga mi moramo odražavati nas u Božjoj Reči i pokajati se zbog sveg razvarata i pohlepe i težiti da dostignemo čisto srce. Ako mi delamo u skladu sa Božjom Rečju i nastavimo da odbacujemo grehe, naša srca će postati čista, te će i naš spoljni izgled prirodno postati čist i osvećen.

6. Što ste kao okrečeni grobovi

U Jevanđelju po Mateju 23:27-28, Isus govori: „Teško vama književnici i fariseji, licemeri! Što ste kao okrečeni grobovi, koji se spolja vide lepi a unutra su puni kostiju mrtvačkih i svake nečistote. Tako i vi spolja se pokazujete ljudima pravedni, a iznutra ste puni licemerja i bezakonja."

Bez obzira na to koliko novca potrošili da ulepšate grob, konačno, šta je u njemu? Leš koji se raspada i koji će se uskoro pretvoriti u šaku prašine! Zbog toga okrečeni grob označava licemere koji su zaglađeni spolja. Oni izgledaju dobro, blago i zdravo od spolja, savetuju i kore druge, dok su iznutra u stvari puni mržnje, zavisti, ljubomore, preljubništva itd.

Ako mi priznamo da verujemo u Boga, a u našim srcima zadržimo mržnju i osuđujemo druge, onda mi vidimo trun u oku drugih ljudi, a ne vidimo brvno u našim očima. Ovo sa naziva licemerjem. Ovo se takođe može primeniti na nevernike. Imati srce koje naginje izdaji muža ili žene, zapostavljanje dece ili nepoštovanje roditelja dok se ismeva isitna i kritikuju drugi je takođe delo licemerja.

7. Smatrati sebe pravednim

U Jevanđelju po Mateju 23:29-33, Isus govori: „Teško vama književnici i fariseji, licemeri! Što zidate grobove prorocima i krasite rake pravednika, i govorite: „Da smo mi bili u vreme svojih otaca, ne bismo s njima pristali u krv proroka." Tim samo svedočite za sebe da ste sinovi onih koji su pobili proroke. I vi dopunite meru otaca svojih. Zmije, porodi aspidini, kako ćete pobeći od presude u oganj pakleni?"

Licemerni pisari i fariseji gradili su grobnice prorocima i ukrašavali su spomenike pravednika i rekli su: „Da smo mi bili u vreme svojih otaca, ne bismo s njima pristali u krv proroka." Ipak, ovo priznanje je istinito. Ne samo da ovi pisari i fariseji nisu prepoznali Isusa, koji je došao kao Spasitelj, oni su ga i odbili i na kraju Ga zakucali za krst i ubili Njega. Kako oni mogu nazvati sebe pravednijima od njihovih predaka?

Isus je prezirao ove licemerne vođe govoreći im: „I vi dopunite meru otaca svojih." Kada neko zgreši, ako on ima i malo savesti, on će osećati krivicu i prestaće da greši. Ali ima i ljudi koji se ne okrenu od svojih zlih dela do gorkog kraja. Ovo je Isus mislio kada je rekao „dopunite meru." Oni su postali deca đavola, porodi aspidini i delali su sa još više zla.

Isto tako, ako neko čuje istinu i oseća grižu savesti, a smatra se za pravednika i odbije da se pokaje, onda se on ne razlikuje od nekoga koji ispunjava merilo krivice koju je njegov predak počinio. Isus je rekao, da ako se ovi ljudi ne pokaju i ne ubiraju plod u skladu sa pokajanjem, onda oni ne mogu pobeći od presude Pakla.

Zbog toga mi moramo odražavati nas same u kazni koju je Isus dao pisarima i farisejima i videti da li se nešto odnosi na nas i brzo odbaciti takve stvari. Ja se nadam da ćeš ti čitaoče biti pravedna osoba koja mrzi zlo i koja se drži onog što je dobro, te time davati slavu Bogu i uživati u blagoslovenom životu—koliko god ti srce želi!

Rečnik i dalje pojašnjenje

Šta je „ljudska kultivacija?"
„Kultivacija" je proces kada seljak seje seme, brine se o njemu i tako ubire plodove. Da bi dobio Njegovu istinsku decu, Bog je posadio Adama i Evu na ovaj svet kao prve plodove. Nakon pada Adama, čovečanstvo je postalo grešno, a nakon primanja Isusa Hrista i uz pomoć Svetog Duha, oni su mogli da povrate istinsku sliku o Bogu koja je nekada bila u njima. Tako se čitav proces stvaranja čoveka od strane Boga i posmatranje celokupne istorije čovečanstva do poslednjeg suda naziva „ljudska kultivacija."

Razlika između „tela," „mesa" i „stvari od mesa"
Normalno, kada se misli na ljudsko telo, mi koristimo izraze „telo" i „meso" naizmenično. Ipak, u Bibliji svaka od ovih reči ima posebno duhovno značenje. Nekada se izraz „meso" prosto koristi da označi ljudsko telo, ali duhovno se to odnosi na stvari koje se raspadaju, menjaju se, koje su štetne ili prljave.

Prvi čovek Adam, bio je živi duh inije imao nikakav greh. Ipak, nakon iskušavanja Sotone da pojede voće znanja o dobroti i o zlu, on je morao da iskusi smrt, jer je kazna za greh smrt (Postanak 2:17; Poslanica Rimljanima 6:23). Bog je posadio znanje života, istine u čoveka prilikom njegovog stvaranja. Oblik ili forma čoveka bez ove istine, koja je iscurila nakon što je Adam zgrešio, odnosi si se na „telo." A grešna priroda u kombinaciji u ovom telu se odnosi na „meso." Ovo meso nema vidljivu formu, već je to grešna priroda koja može biti izazvana da se ispolji bilo kada.

Zemljište u ljudskom srcu
Biblija kategoriše srce čoveka u različite tipove tla: tlo pored puta, stenovito tlo, trnovito tlo i dobro tlo (Jevanđelje po Marku, poglavlje 4).

Tlo pored puta označava tvrdo i žuljevito srce. Čak i ako se seme Božje Reči posadi u ovu vrstu srca, seme ne može proklijati i ne može roditi plod; zbog toga osoba ne može primiti spasenje.

Stenovito tlo označava osobu koja razume Božju Reč glavom, ali ne može verovati svojim srcem. Dok sluša Reč, on se može obavezati da primeni naučeno, ali kada naiđu teškoće, on ne može zadržati svoju veru.

Trnovito tlo se odnosi na srce osobe koja sluša, razume i primenjuje Božju Reč u svom životu, ali ne može savladati iskušenja ovog sveta. Njega mame brige ovog sveta, pohlepa i telesne želje, te iskušenja i nevolje slede, a on ne može duhovno rasti.

Dobro tlo označava srce osobe koje, kada Božja Reč padne na njega, Reč rađa 30, 60, 100 puta, te Božji blagoslovi i odgovori uvek slede.

Uloga Sotone i đavola

Sotona je biće koje ima moć tame, koja tera ljude da čine zla dela. Ona nema specifičnu formu. Ona konstantno širi svoje tamno srce, misli i moć da čini zlo u vazduhu kao radio-talasi. A kada lažljivost unutar čoveka uhvati njegovu frekvenciju, ona koristi misli tog čoveka da ulije njegove tamne moći u njega. Ovo nazivamo „primanje dela Sotone" ili „slušanje glasa Sotone."
Đavo je deo palih anđela koji su pali zajedno sa Luciferom. Oni su obučeni u crno i on ima lice, ruke i noge kao neka osoba ili anđeo. On dobija naredbe od Sotone i kontroliše i izdaje naredbe nebrojenom broju demona da bi ljudima doneo bolest i da bi ih naterao da greše i da padnu u zlo.

Karakteristike posude i karakteristike srca

Na ljude se gleda kao na „posude." Karakter posude osobe zavisi od toga koliko dobro ona sluša Božju Reč i upisuje je u svoje srce i koliko dobro to sprovodi u delo sa verom. Karakter posude ima veze sa materijalom od koga je napravljena. Ako neko ima dobar karakter posude, on može postati osvećen vrlo brzo, i on može ispoljiti duhovne moći u većem obimu. Da bi se kultivisao dobar karakter posude, taj treba da odgovarajuće sluša Reč i da je upiše u centar svog srca. Koliko marljivo taj izvršava naučeno, to određuje nečiji karakter posude.
Karakter srca zavisi od toga sa kojom se širinom to srce koristi, kao i od veličine posude. Ima slučajeva kada se 1) kapacitet prevazilazi, 2) kapacitet ispunjava, 3) škrto jedva ispunjava kapacitet i 4) slučaj kad je bolje za nekog da uopšte ne započinje takav posao zbog svog zla koje taj čini. Ako je karakter nečijeg srca mali ili nedostaje, on ili ona moraju da rade na transformaciji u šire, veće srce.

Pravednost prema Bogu

Prvi nivo pravednosti je odbacivanje greha. Na ovom nivou, osoba je pravedna prihvatanjem Isusa Hrista i primanjem Svetog Duha. Onda, ona otkriva svoje grehe i marljivo se moli da odbaci ove grehe. Bog je zadovoljan ovim činom i odgovara na molitve ove osobe i blagosilja je.
Drugi nivo pravednosti je održavanje Reči. Nakon što neko odbaci grehe, on može biti ispunjen Božjom Rečju i on je u mogućnosti da se povinuje. Na primer, ako je on čuo poruku da ne mrzi nikoga, on odbacuje mržnju i teži ljubavi prema svima. Na ovaj način se on povinuje Božjoj Reči. U to vreme, on prima blagoslove zdravlja u svakom trenutku i na svaku molitvu koju uznese se odgovara.
Treći nivo pravednosti je udovoljiti Bogu. Na ovom nivou ne samo da neko odbacuje greh, već i dela u skladu sa Božjom voljom u svakom trenutku. I on posvećuje svoj život da ispuni svoj poziv. Ako neko dostigne ovaj nivo, Bog odgovara i na najmanje želje koje on ima u srcu.

O pravednosti

„... a za pravdu što idem k Ocu svom; i više me nećete videti;" (Jevanđelje po Jovanu 16:10)

❧

„I poverova Avram GOSPODU, a On mu primi to u pravdu." (Postanak 15:6)

„Jer vam kažem da ako ne bude veća pravda vaša nego književnika i fariseja, nećete ući u carstvo nebesko." (Jevanđelje po Mateju 5:20).

„A sad se bez zakona javi pravda Božija, posvedočena od zakona i od proroka; a pravda Božija verom Isusa Hrista u sve i na sve koji veruju; jer nema razlike;" (Poslanica Rimljanima 3:21-22).

„... Napunjeni plodova pravde kroz Isusa Hrista, na slavu i hvalu Božiju." (Poslanica Filipljanima 1:11).

„... dalje, dakle, meni je pripravljen venac pravde, koji će mi dati Gospod u dan onaj, pravedni sudija; ali ne samo meni, nego svima koji se raduju Njegovom dolasku." (2. Timotejeva Poslanica 4:8).

„... i izvrši se pismo koje govori: „Avraam verova Bogu, i primi mu se u pravdu," i prijatelj Božji nazva se." (Jakovljeva Poslanica 2:23).

„Po tome se poznaju deca Božija i deca đavolja: koji god ne tvori pravde, nije od Boga, i koji ne ljubi brata svog." (1. Jovanova Poslanica 3:10).

Poglavlje 6

Pravednost koja vodi ka životu

„Zato, dakle, kao što za greh jednog dođe osuđenje na sve ljude, tako i pravdom jednog dođe na sve ljude opravdanje života."
(Poslanici Rimljanima 5:18-19)

Ja sam sreo živog Boga posle sedam godina dok sam bio prikovan za krevet zbog bolesti. Ne samo da sam primio isceljenje od svih mojih bolesti kroz vatru Svetog Duha, već nakon što sam se pokajao zbog grehova, ja sam takođe primio večni život koji će mi dozvoliti da živim zauvek na Nebesima. Bio sam toliko zahvalan za Božju milost da od kako sam počeo da idem u crkvu, prestao sam da pijem i prestao sam da služim druge sa alkoholnim pićima.

Postojalo je jednom vreme kada je jedan od mojih rođaka ismevao crkve. Bez mogućnosti da se suzdržim, ja sam ljutito rekao: „Zašto govoriš loše o Bogu i zašto negativno govoriš o crkvi i pastoru?" Kao beba hrišćanin, ja sam mislio da su moja dela bila opravdana. Tek kasnije ja sam shvatio da moja dela nisu bila ispravna. Pravednost kako sam ja video je pruzelo vođstvo u pravednosti u Božjim očima. To je vodilo do svađe i rasprave. U ovoj vrsti situacije, šta je bilo pravedno po Bogu? To je pokušaj razumevanja druge osobe sa ljubavlju. Ako vi samo razmotrite činjenicu da su oni činili tako zato što nisu znali za Gospoda Boga, onda neće postojati razlog da postanete uznemireni zbog njih. Prava pravednost je moliti se za njih sa ljubavlju i tražiti mudar način da se oni evangelizuju i voditi ih ka tome da postanu dete Božje.

Pravednost prema Bogu

Izlazak 15:26 kaže: „Ako dobro uzaslušaš glas GOSPODA Boga svog, i učiniš što je pravo u očima Njegovim..." Ovaj stih nam govori o činjenici da se pravednost iz ljudskog pogleda i pravednost iz Božjeg pogleda jasno razlikuju.

U našem svetu, osveta se često smatra kao delo pravednosti. Međutim, Bog nam govori da voleti sve ljude i voleti čak i neprijatelje, jeste pravednost. Takođe, svet smatra pravednim kada se neko bori da bi ispunili ono što misle da je prava stvar, čak i na ušrb toga da se razruši mir sa drugim ljudima. Ali Bog ne smatra osobu pravednom kada razruši mir sa drugima samo zbog toga što misli da je u pravu u njegovim mislima.

Takođe, na ovom svetu, bez obzira koliko zla imate u vašem srcu kao što su mržnja, razdor, ljutnja, ljubomora, bes i sebičnost, sve dok ne razbijete zakone zemlje i ne počinite ni jedan greh u vašim delima, niko vas neće nazvati pravednim. Međutim, čak iako ne počinite grehove u vašim delima, ako imate zlo u vašem srcu, Bog vas naziva nepravednom osobom. Ljudski koncept pravednosti i nepravednosti varira među različitim osobama, mestima i generacijama. Prema tome, kako bi mi postavili prave standarde za pravednost i nepravednost, mi moramo da postavimo standard prema Bogu. Ono što Bog naziva pravednošću to i jeste pravednost.

Onda, šta je Isus učinio? Poslanica Rimljanima 5:18-19 kaže: „Zato, dakle, kao što za greh jednog dođe osuđenje na sve ljude, tako i pravdom jednog dođe na sve ljude opravdanje života." Ovde „greh jednog" je greh Adama, oca čovečanstva a „pravda jednog" je povinovanje Isusu, Sinu Božjem. On je ispunio pravedno delo tako što je poveo mnoge ljude ka životu. Hajde da detaljnije prostudiramo šta je pravednost, koja vodi ljude ka životu.

Jedno delo pravednosti koje spašava celo čovečanstvo

U Postanku 2:7, mi čitamo da je Bog stvorio prvog čoveka Adama, po Njegovom liku. Onda je On udahnuo dah života u njegove nozdrve i načinio ga živim duhom. Baš kao i kod novorođenčeta, ni kod njega ništa nije bilo registrovano. On je bio svež, novi početak. Baš kao i beba koja raste i počinje da prikuplja i korsiti znanje kroz ono što vidi i čuje, on je bio učen od Boga o harmoniji u celom univerzumu, o zakonima duhovnog kraljevstva i rečima istine.

Bog je naučio Adama svemu što je bilo potrebno da zna kako bi živeo kao gospodar svih stvorenja. Ali postojala je samo jedna stvar koju je Bog zabranio. Adam je slobodno mogao da jede sa drveća u Edemskom vrtu osim sa drveta spoznaje dobra i zla.

Bog je dao Adamu čvrsto upozorenje da na dan kada bude jeo sa njega zasighurno će umreti (Postanak 2:16-17). Međutim, nakon što je prošlo mnogo vremena on nije uspeo da ureže ove reči i upao je u zamku zmije otrovnice i jeo je zabranjen plod. kao rezultat, njegova komunikacija sa Bogom je bila prekinuta i kao što je Bog rekao: „Umrećeš," Adamov duh koji je bio živi duh, umro je. Zato što se on nije povinovao Božjoj Reči već je slušao reči neprijatelja đavola, on je postao dete đavola. 1. Jovanova Poslanica 3:8 govori: „Koji tvori greh od đavola je, jer đavo greši od početka." Jevanđelje po Jovanu 8:44 kaže: „Vaš je otac đavo; i slasti oca svog hoćete da činite. On je krvnik ljudski od početka, i ne stoji na istini; jer nema istine u njemu. Kad govori laž, svoje govori: jer je laža i otac laži."

Ako je Adam jedan koji se nije povinovao i zgrešio, zašto su onda njegovi potpmci takođe grešnici? Dete sve nasleđuje od svojih roditelja, naročito njihov izgled. Ali njegova ličnost i čak i način na koji hoda takođe nasleđuje od njegovih roditelja. Ovo je zato što dete nasleđuje ono što je poznato za njegove roditelje „chi" (či), ili „duh" ili „životna sila," a baš kao što se životna sila prenosi na dete, grešna priroda roditelja je takođe prenesena (Psalmi 51:5). Novorođenče niko nije naučio da plače i da galami, ono to samo po sebi radi. Ovo je zato što je grešna priroda sadržana u životnoj sili koja je bila prenešena sa generacije na generaciju sve od Adama.

Pored prvobitnog greha koji je čovek nasledio, on takođe nastavlja da čini grehove sam po sebi tako da njegovo srce postaje sve više i više umrljano grehovima. Onda on počinje da to prenosi na njegovu decu. Kako vreme prolazi svet postaje preplavljen grehom. Kako onda može čovek, koji je postao dete đavola, da obnovi njegov odnos sa Bogom? Bog je od početka znao da će čovek zgrešiti. Prema tome, On je pripremio Njegovo proviđenje spasenja i čuvao ga skrivenim. Spasenje čovečanstva kroz Isusa Hrista je tajna koja je bila skrivena još od početka vremena. Tako da Isus Hrist, koji je bio čist i bez mana, preuzeo je na Sebe kletvu i visio je na krstu da bi otvorio put spasenja za čovečanstvo koje je bilo osuđeno na smrt. Kroz ovo delo pravednosti Isusa Hrista, mnogi ljudi koji su nekada bili grešnici, bili su oslobođeni od smrti i stekli su život.

Početak pravednosti je verovanje u Boga

„Pravdnost" je biti u skladu sa vrlinom ili moralnošću. Međutim, „pravednost" u skladu sa Bogom je povinovati se sa verom bez straha za Njega, odbacivanje greha i držanje Njegovih zapovesti (Knjiga Propovednika 12:13). Iznad svega, Biblija naziva sam čin neverovanja u Boga, grehom (Jevanđelje po Jovanu 16:9). Prema tome, jednostavano delo verovanja u Boga je delo pravednosti i to je prvi uslov koji neko treba da ispuni da bi postao pravedna osoba.

Kako mi možemo da nazivamo osobu pravom ili podesnom ako je ta osoba zanemarila ili izdala njegove roditelje koji su je rodili? Ljudi će pokazivati prstom na njega i nazivaće ga grešnikom koji nema obzira prema humanosti. Slično tome, ako osoba neće da veruje u Boga Stvoritelja koji nas je stvorio, ako neće da Njega naziva Ocem, i povrh toga, ako služi neprijatelju đavolu-koga Bog najviše mrzi-onda ovo postaje težak greh.

Prema tome, da bi postali pravedna osoba, prvo i osnovno,

vi morate da verujete u Boga. Baš kao što je Isus imao potpunui veru u Boga i pridržavao se Njegove svake reči, mi takođe moramo da imamo veru i Njega i pridržavamo se Njegovih reči. Imati veru u Boga znači verovati u činjenicu da je Bog Gospodar svih stvorenja koji je stvorio ceo univezum za nas i koji ima jedinstvenu kontrolu nad životom i smrti čovečanstva. To je takođe verovanje u činjenicu da Bog sam postoji, da je On prvi i poslednji, početak i kraj. To je verovanje da je On poslednji sudija koji je pripremio Nebesa i Pakao i koji će suditi svakoj osobi sa pravdom. Bog je poslao Njegovog jedinorodnog Sina Isusa Hrista na ovaj svet da bi otvorio put spasenja za nas. Prema tome, verovanje u Isusa Hrista i primanje spasenja jeste, u nekom smislu, verovanje u Boga.

Stoga, postoji nešto što Bog traži od sve Njegove dece koji ulaze kroz vrata spasenja. Na ovom svetu, građani određene zemlje moraju da poštuju zakone te zemlje. Na isti način, ako ste postali građanin Nebesa, vi treba da poštujete zakone nebesa što je Božja Reč, koja je Istina. Na primer, pošto Izlazak 20:8 kaže: „Sećaj se dana od odmora da ga svetkuješ," vi bi trebali da se povinujete Božjoj Reči i načinite je prioritetom održavajući ceo Sabat i ne kompromitujući se sa svetom. Mi treba da ovo učinimo zato što Bog smatra ovu vrstu vere i povinovanja kao pravednost.

Kroz Isusa Hrista, Bog nas je prosvetlio o zakonu pravednosti koji nas vodi ka životu. Ako mi poštuijemo ovaj zakon, mi postajemo pravedni, mi ćemo moći da uđemo na Nebesa i moći ćemo da primimo Božju ljubav i blagoslove.

Pravednost Isusa Hrista koju moramo da imitiramo

Čak i Isus, koji je Sin Božji, ispunio je pravednost potpunim poštovanjem Božjih zakona. Iznad svega ostalog, dok je On bio na ovoj zemlji, On nikada nije pokazivao čak ni naznake zla. Zbog toga što je bio začet od Svetog Duha, On nije imao prvobitan greh. A, pošto on nije imao misli ili bilo koje zlo, On nije čak ni počinio greh.

Većinu vremena, ljudi pokazuju zla dela zato što imaju protivzakonite misli. Osoba koja ima pohlepu će najpre misliti: „Kako da steknem bogatstvo? Kako da oduzmem toj osobi imovinu i prisvojim je?" Onda će osoba posaditi ove misli u njegovom srcu. A kada se njegovo srce uznemiri, on će verovatno činiti zla dela. Zato što ima pohlepu u srcu, on pada u iskušenje od strane Sotone zbog njegovoh misli; i kada prihvati ovo iskušenje, on će završiti tako što će činiti zla dela kao što su prevara, novčana malverzacija i krađa.

Jov 15:35 kaže: „Začinju nevolju i rađaju muku, i trbuh njihov sastavlja prevaru." A u Postanku 6:5 koje govori da pre Božje osude sveta kroz poplavu, ljudsko zlo je bilo veliko na zemlji i da je svaka namera misli srca čoveka bila stalno zlobna. Zato što je srce zlobno, misao je takođe zlobno. Međutim, ako ne postoji zlo u našim srcima, Sotona ne može da čini kroz naše misli i da nas iskušava. Baš kao što je zapisano da stvari koje potiču iz ustiju dolaze iz srca (Jevanđelje po Mateju 15:18), ako srce nije zlobno, ne postoji prilika da zle misli ili dela izađu iz njega.

Isus, koji nije imao niti prvobitan greh niti samopočinjen greh, imao je srce koje je samo po sebi bilo sveto. Prema tome, sva Njegova dela su uvek bila dobra. Zato što je Njegovo srce bilo pravedno, On je imao samo pravedne misli i On je činio samo pravedna dela. Da bi mi postali pravedni ljudi, mi moramo da zaštitimo naše misli odbacujući zlo u našim srcima i tada će naša dela biti takođe zdrava.

Ako se mi povinujemo i uradimo tačno kako Biblija govori: „Čini, ne čini i odbaci," srce Boga, ili istina, će boraviti u našim srcima da ne bi grešili sa našim mislima. I naša dela će takođe postati zdrava dok primamo vođstvo i usmeravanje od Svetog Duha. Bog govori: „održavaj nedelju svetom," tako da mi održavamo nedelju svetom. On kaže: „moli se, voli i širi jevanđelje," tako da se mi molimo, volimo i širimo jevanđelje. On kaže da ne krademo i da ne počinimo preljubu, tako da mi ne radimo ove stvari.

I pošto nam je On rekao da odbacimo čak i oblike zla, mi nastavljamo da odbacujemo neistinu kao što je ljubomora, ljutnja, mržnja, preljuba, prevara i tako dalje. A ako se pridržavamo Božje Reči, onda će neistina u našim srcima nestati i ostaće samo istina. Ako iščupamo gorke korene greha iz našeg srca, greh više neće moći da uđe u naša srca kroz naše misli. Prema tome, bilo šta da vidimo, mi gledamo na to sa dobrotom, a bilo šta da želimo da kažemo i učinimo, to će biti učinjeno sa dobrotom koja dolazi iz našeg srca.

Poslovice 4:23 govore: „Svrh svega što se čuva čuvaj srce svoje, jer iz njega izlazi život." Pravednost koja vodi ka životu, ili ka izvoru života, potiče iz zaštićenog srca. Kako bi mi dobili život mi moramo da održavamo pravednost, naime istinu, u našem srcu i prdržavmo je se. Zbog toga je toliko važno zaštititi nečije misli i srce.

Ali zato što postoji toliko mnogo zla u nama, mi ne možemo

odbaciti sve sa našom sopstvenom snagom. Pored naših napora da odbacimo greh, nama je takođe potrebna pomoć Svetog Duha. Zbog toga nam je potrebna molitva. Kada se molimo sa revnosnim molitvama, Božja milost i moć dolazi nad nama i mi postajemo ispunjeni Svetim Duhom. Tek tada mi možemo da odbacimo ove grehove!

Jakovljeva Poslanica 3:17 kaže: „A koja je premudrost odozgo ona je najpre čista..." Ovo znači da kada mi odbacimo grehove iz našeg srca i fokusiramo se samo na pravednost, onda će mudrost odozgo doći nad nama. Međutim ma koliko da je velika mudrost sveta, ona nikada ne može da se uporedi sa mudrošću koja od gore dolazi. Mudrost ovog sveta potiče od čoveka, koji je ograničen i koji ne može čak ni da predvidi vredne sekunde o onome što će doći. Međutim, mudrost koja potiče od gore, poslata je od Svemogućeg Boga, tako da mi čak možemo i da znamo o stvarima koje će doći u budućnosti i za njih se pripremimo.

U Jevanđelju po Luki 2:40 kaže se da je Isus „rastao i postajao jači, rastao u mudrosti." Zapisano je da je u vreme kada je On imao dvanaest godina, On bio toliko mudar da su čak i Rabini koji su imali čvrsto znanje o Zakonu bili oduševljeni Njegovom mudrošću. Zato što su Isusove misli bile fokusirane samo na pravednost, On je primio mudrost od gore.

1. Petrova Poslanica 2:22-23 kaže: „...koji [Isus] greha ne učini, niti se nađe prevara u ustima Njegovim; koji ne psova kad Ga psovaše; ne preti kad strada; nego se oslanjaše na Onog koji pravo sudi..." Kroz ovaj stih mi možemo videti Isusovo srce. Takođe u Jevanđelju po Jovanu 4:34, kada su učenici doneli

hranu, Isus rekao: „Jelo je Moje da izvršim volju Onog koji Me je poslao, i da svršim Njegov posao." Zato što su Isusovo srce i misli bili samo fokusirani na pravednost, Njegova dela su uvek bila zdrava.

Isus nije bio veran dok je činio Božja dela; On je bio veran u „celoj Božjoj kući." Čak i dok je umirao na krstu, On je poverio Jovanu devicu Mariju, da bi se uverio da je njoj stalo. Tako da, Isus je u potpunosti ispunio Njegovu svetovnu dužnost, dok je propovedao jevanđelje o nebeskom kraljevstvu i isceljivao bolesne sa Božjom moći. On je na kraju završio Njegovu misliju za dolazak na ovu zemlju preuzimajući krst da bi poveo brigu o ljudskim grehovima i slabostima. Tako je On postao Spasitelj čovečanstva, Kralj kraljeva i Gospodar gospodara.

Način na koji se postaje pravedna osoba

Onda, kao deca Božja šta mi treba da uradimo? Mi treba da postanemo pravedni ljudi pridržavajući se Božjih zakona kroz naša dela. Pošto je Isus postao vrhovni model za nas održavajući i pridržavajući se Božjih zakona, mi trena na isti način da pratimo Njegov primer.

Praktikovanje Božjih zakona znači održavati Njegove zapovesti i biti bez mane u odnosu na Njegov zakon. Deset Zapovesti će biti pravi primer Božjih zapovesti. Zapovesti mogu da se smatraju kao sve Božje zapovesti ukratkim crtama sadržane u 66 knjiga Biblije. Svaka od Deset Zapovesti ima u sebi duboko duhovno značenje. Kada mi razumemo pravo značenje svakoga i njega se pridržavamo, Bog nas naziva pravednim.

Isus je rekao da postoji velika i najistaknutija zapovest. To je voleti Boga svim svojim srcem, dušom i mislima. Druga je voleti naše komšije kao nas same (Jevanđelje po mateju 22:37-39). Isus se pridržavao i praktikovao je sve ove zapovesti. On se nikada nije svađao ili vikao. Isus se molio neprestano, bilo da je rano ili kasno. On se takođe pridržavao svih zakona. „Zakoni" se odnose na pravila koje je Bog postavio za nas, kao što su Pasha ili davanje desetka. Postoji zapis kada je Isus išao u Jerusalim da bi održao Pashu, baš kao i svi Jevreji.

Hrišćani, koji su duhovni Jevreji, nastavili su da čuvaju i poštuju duhovno značenje jevrejskih rituala. Hrišćani obrezuju njihova srca kao što se radilo i fizičko obrezivanje u vremenima Starog Zaveta. Oni služe u duhu i istini u službama bogosluženja, održavaju duhovno značenje u davanju žrtve paljenice Bogu u Starom Zavetu. Kada mi održavamo Božje zakone i praktikujemo ih, mi možemo da primimo iskren život i postanemo pravedni. Gospod je prevazišao smrt i vaskrsao je; prema tome mi takođe možemo da uživamo u večnom životu koje dolazi ispred vaskrsenja pravednosi.

Blagosovi za pravedne

Sukobi, neprijateljstva i bolesti dolaze zato što ljudi nisu pravedni. Bezakonje dolazi zato što je neko nepravedan a onda dolazi bol i patnja. Ovo je zato što su ljudi primili dela đavola, oca grehova. Da ne postoji bezakonje i nepravednost, ne bi postojale ni katastrofe, patnje, ili nevolje, a ovaj svet bi zaista bio prelepo mesto. Šta više, ako ste postali pravedna osoba u Božjim očima, vi ćete primiti velike blagoslove od Njega. Vi možete da postanete izuzetna i blagoslovena osoba.

Knjiga Ponovljenog Zakona 28:1-6, govori o tome do detalja: „Ako dobro uzaslušaš glas GOSPODA Boga svog držeći i tvoreći sve zapovesti Njegove, koje ti ja danas zapovedam, uzvisiće te GOSPOD Bog tvoj više svih naroda na zemlji. I doći će na te svi ovi blagoslovi, i steći će ti se, ako uzaslušaš glas GOSPODA Boga svog: Blagosloven ćeš biti u gradu, i blagosloven ćeš biti u polju. Blagosloven će biti plod utrobe tvoje, i plod zemlje tvoje i plod stoke tvoje, mlad goveda tvojih i stada ovaca tvojih. Blagoslovena će biti kotarica tvoja i naćve tvoje. Blagosloven ćeš biti kad dolaziš i blagosloven ćeš biti kad polaziš."

Takođe, u Izlasku 15:26, Bog je obećao da ako mi činimo što je dobro u Njegovim očima, On nam neće naneti bolesti koje je naneo Egipćanima. Prema tome, ako mi činimo ono što je pravedno u Božjim očima, onda ćemo mi biti zdravi. Mi ćemo napredovati u svim oblastima u našim životima i iskusićemo večnu radost i blagoslove.

Do sada mi smo pogledali šta je pravednost u Božjim očima. Sada, čineći u skladu sa Božjim zakonima i odredbama bez mana, i živeti pravedno po Božjem pogledu, ja se nadam da ćete iskusiti Božlju ljubav i blagoslove do potpune mere!

Rečnik

Vera i pravednost

Postoje dve vrste vere: „duhovna vera" i „telesna vera." Imati „telesnu veru" je imati mogućnost verovanja u stvari koje se poklapaju sa nečijim znanjem i mislima. Ova vrsta vere je vera bez dela; prema tome to je mrtva vera koju Bog ne prepoznaje. Imati „duhovnu veru" je imati mogućnost verovanja u sve što potiče od Reči Božje, iako se to čak i ne poklapa sa nečijim znanjem ili mislima. Sa ovom vrstom vere, osoba čini u skladu sa Božjom Rečju. Jedan može da ima samo ovu vrstu vere ako mu ga Bog da a svaka osoba ima različitu meru vere (Poslanica Rimljanima 12:3). U velikoj meri, vera može da bude svrstana od prvog nivoa pa do petog: u prvom nivou vere, jedan ima veru da primi spasenje, na drugom nivou, jedan pokušava da čini po Božjoj Reči, u trećem nivou, jedan može u potpunosti da čini u skladu sa Rečju, u četvrtom nivou, jedan je postao posvećen odbacujući grehove, i voli do najveće mere Gospoda, a na petom niovu, jedan ima veru koja donosi u potpunosti radost Bogu.

„Pravednost" se odnosi na osobe koje jesu pravedne.

Kada mi prihvatimo Isusa Hrista i kada nam je oprošteno od grehova kroz Njegovu dragocenu krv, mi smo opravdani. Ovo znači da smo opravdani sa našom verom. Sada mi možemo da odbacimo zlo-ili neistinu-iz našeg srca i borimo se da činimo u istini, u skladu sa Božjom Rečju, mi možemo da se preobratimo u iskrene, pravedne ljude, koji su prepoznati od Boga kao pravedni. Bog ima veliku radost od ovakvih pravednih ljudi i On odogovara na njihovu svaku molitvu (Jakovljeva Poslanica 5.16).

Poglavlje 7

Pravednost će živeti sa verom

*Navedeno je u Poslanici Rimljanima 1:17:
„Jer se u Njemu javlja pravda Božija iz vere
u veru, kao što je napisano: „Pravednik će
od vere živ biti." "
(Poslanica Rimljanima 1:17)*

Kada neko učini dobro delo za siroče, udovicu ili za komšiju kome je pomoć neophodna, ljudi će više nego obično reći da je ta osoba pravedan čovek ili žena. Ako neko izgleda nežan i ljubazan, poštuje zakone, ne ljuti se olako i u tišini je strpljiv, ljudi će davati komplimente takvoj osobi i govoriće: „Toj osobi ne trebaju čak ni pravila." Tako da, da li ovo zaista znači da je ova osoba pravedna?

Osija 14:9 kaže: „Ko je mudar, neka razume ovo; i razuman neka pozna ovo. Jer su pravi putevi GOSPODNJI, i pravednici će hoditi po njima, a prestupnici će pasti na njima." To znači da osoba koja zaista poštuje zakone Božje odista i jeste pravedna osoba.

Takođe, Jevanđelje po Luki 1:5-6 kaže: „U vreme Iroda cara judejskog beše neki sveštenik od reda Avijinog, po imenu Zarija, i žena njegova od plemena Aronovog, po imenu Jelisaveta. A behu oboje pravedni pred Bogom, i življahu u svemu po zapovestima i uredbama Gospodnjim bez mane." Ovo znači da je neko pravedan samo kada praktikuje zakone Božje, naime sve zapovesti i odredbe Gospoda.

Postati odista pravedna osoba

Ma koliko da se neko trudi da bude pravedan, niko nije pravedan zato što svako ima prvobitan greh, koji je prenešen od njegovih predaka i samo počinjene grehove, ili drugačije poznate kao prave grehove. Poslanica Rimljanima 3:10 kaže: „Kao što stoji napisano, ni jednog nema pravednog." Jedana i najpravednija osoba je bila i biće, Isus Hrist.

Isus, koji nije imao čak ni prvobitan greh niti samopočinjen greh, prolio je Njegovu krv i umro je na krstu da bi platio penale za naše grehove, i On se ponovo uzdigao iz smrti i postao je naš Spasitelj. U trenutku kada mi poverujemo u Isusa Hrista, koji je put, istina i život, tada su naši grehovi oprani i mi smo opravdani. Međutim, ako smo samo opravdani sa verom, to ne znači da smo mi završili. Da, kada mi verujemo u Isusa Hrista, nama će biti opršteno od naših grehova i bićemo opravdani; međutim, mi i dalje posedujemo grešnu prirodu unutar naših srca.

Zbog toga je u Poslanici Riljanima 2:13 zapisano: „Jer pred Bogom nisu pravedni oni koji slušaju zakon, nego će se oni opravdati koji ga tvore." To znači da čak iako smo opravdani sa verom, mi možemo da postanemo zaista pravedna osoba samo kada promenimo naše srce iz neistine u srce od istine čineći po Božjoj Reči.

U vremenima Starog Zaveta, pre nogo što je Sveti Duh došao, ljudi nisu mogli u potpunosti da odbace njihove grehove. Tako da ako oni nisu grešili sa njihovim delima, oni nisu bili smatrani za grešnike. Ovo je bilo vreme Zakona, gde su ljudi uzvraćali „oko za oko i zub za zub." Međutim, ono što Bog želi je obrezivanje srca-odbacivanje neistine, ili grešne prirode srca i praktikovanje ljubavi i milosti. Tako da za razliku od ljudi u vremenima Starog Zaveta, ljudi u Novom Zavetu koji su prihvatili Isusa Hrista i primili Svetog Duha kao dar, i uz pomoć Svetog Duha, bili su osnaženi da odbace grešne prirode iz njihovih srca. Čovek ne može da odbaci greh i postane pravedan samo uz sopstvenu pomoć. Zbog toga je došao Sveti Duh.

Prema tome, da bi mi postali zaista pravedna osoba, nama je potrebna pomoć Svetog Duha. Kada mi uzvikujemo Bogu u našim molitvama da bi postali pravedni, Bog nam daje milost i snagu a Sveti Duh nam pomaže. Tako da mi možemo definitivno da prevaziđemo greh i iščupamo grešnu prirodu u korenu iz središta našeg srca. Kako sve više odbacujemo greh, postajemo posvećeni i dostižemo potpunu meru vere uz pomoć Svetog Duha, tako više primamo Božju ljubav i postajemo zaista pravedni ljudi.

Zašto mi moramo da postanemo pravedni?

Vi ćete se možda pitati: „Da li ja zaista treba da postanem pravedan? Zar ne mogu samo da verujemo u Isusa do određene mere i živim normalnim životom?" Ali Bog kaže u otkrivenju Jovanovom 3:15-16: „Znam tvoja dela da nisi ni studen ni vruć; o da si studen ili vruć. Tako, budući mlak, i nisi ni studen ni vruć, izbljuvaću te iz usta svojih."

Bog ne voli „prosečnu veru." Mlaka vera je opasna, zato što je zaista teško održati ovu vrstu vere duži vremenski period. Na kraju, ova vrsta vere postaje hladna. Ona je kao topla voda. Ako je ostavite takvom neko vreme, na kraju se hladi i postaje hladna. Bog kaže da će On ispljuvati ljude sa ovom vrstom vere. Ovo znači da ljudi sa ovom vrstom vere ne mogu biti spašeni.

Zašto mi onda moramo da postanemo pravedni? Kao što je zapisano u Poslanici Rimljanima 6:23: „Plata za greh je smrt," grešnik pripada neprijatelju đavolu i ide putem smrti. Prema tome, grešnik mora da se okrene od greha i postane pravedan. Tek tada grešnik može da bude oslobođen od iskušenja, stradanja i bolesti koju mu đavo daje. Kako čovek živi na ovom svetu, on će verovatno iskusiti sve vrste tuge i teške situacije kao što su bolest, nesreće i smrt. Međutim, ako jedan postane pravedan, on neće biti povezan sa ovim stvarima.

Prema tome, mi moramo da obratimo pažnju na Božje Reči i pridržavamo se svih Njegovih zapovesti. Ako mi živimo pravedno, mi možemo da primimo sve blagoslove koji su opisani u Knjizi Ponovljenog Zakona u poglavlju 28. I kako naša duša napreduje, mi ćemo napredovati u svim stvarima i bićemo zdravi.

Ali sve dok ne postanete pravedna osoba koja ima mogućnost da primi sve ove blagoslove, nevolje će vas pratiti. Na primer, da bi osvojili zlatnu medalju na Olimpijskim igrama, atletičari prolaze kroz teške treninge. Slično tome, malo po malo, Bog će dozvoliti Njegovoj voljenoj deci da prolaze kroz određena iskušenja i nevolje u okvirima njihovih sposobnosti u skladu sa njihovom merom vere, kako bi njihova duša sve više napredovala.

Bog je rekao Avramu da napusti očevu kuću i kazao mu je:

„Po Mojoj volji živi, i budi pošten" (Postanak 17:1). On je njega obučavao i vodio da bi postao zaista pravedan čovek. Na kraju, nakon što je Avram prošao poslednji test u žrtvovanju njegovog jedinog sina Isaka, kao žrtvu paljenicu, iskušenja su se završila. Nakon toga, Avram je bio blagosloven sve vreme i sve mu je uvek išlo dobro.

Bog nas trenira da bi uvećao našu veru i načinio nas pravednima. Kada svaka osoba prođe svako iskušenje, Bog ga blagosilja a onda ga vodi ka još većoj veri. I kroz ovaj proces, mi kultivišemo naša srca Gospoda još više.

Slavu koju ćemo mi primiti na Nebesima razlikovaće se, u zavisnbosti koliko smo mi odbacili naše grehove i koliko naša srca liče na Hrista. Baš kao što je zapisano u Poslanici Korinćanima 15: 41: „Druga je slava suncu, a druga slava mesecu, i druga slava zvezdama; jer se zvezda od zvezde razlikuje u slavi," veličina slave koju ćemo dobiti na Nebesima zavisi od toga koliko smo pravedni postali na ovom svetu.

Vrsta dece koju Bog želi da ima je ona vrsta koja ima kvalifikacije Njegove dece-ona koja ima srca Gospoda. Ovi ljudi će ući u Novi Jerusalim gde je Božjiu presto i oni će boraviti na mestu slave koje sija kao sunce.

Pravednost će živeti sa verom

Tako da, kako mi treba da živimo da bi postali pravedna osoba? Mi moramo da živimo sa verom, kao što je zapisano u Poslanici Rimljanima 1:17: „Pravednik će od vere živ biti." Mi možemo da podelimo veru da dve glavne kategorije: telesna vera i duhovna vera. Telesna vera se zasniva na znanju ili vera zasnovana na razlogu. Kada je čovek rođen i razvija se, stvari koje vidi, čuje i uči od njegovih roditelja, komšija i prijatelja postaju skladirane kao znanje u memorijskom uređaju u njegovom mozgu. Ako osoba veruje samo kada se nešto poklapa sa znanjem koje već ima, ovo je nazvano telesna vera. Ljudi koji imaju ovu vrstu vere, veruju da nešto može da bude stvoreno samo od nečega što već postoji. Ali oni ne mogu da veruju ili da prihvate određene stvari od ničega. Na primer, oni ne veruju da je Bog srvorio nebesa i zemlju sa Rečju. Oni nisu mogli da veruju u događaj gde je Isus umirio oluju prekorivši vetar i naredivši moru: „Ćuti, prestani" (Jevanđelje po marku 4:39). Bog je otvorio usta magarcu i učinio je da on progovori. On je učinio da Mojsije podeli Crveno more sa štapom. On je učinio i da se masivni zid Jerihona sruši dok su Izraelci samo marširali oko njega i vikali. Ovi događaji nemaju nikakvog smisla u skladu prema saznanjima i razmišljanjem prosečnog čoveka.

Kako može da se podeli more, samo zato što je neko podigao štap i uperio ga ka njemu? Međutim, ako Bog-za koga ništa nije nemoguće- dozvoli da se to dogodi, to se događa! Osoba koja priznaje da veruje u Boga a opet nema duhovnu veru, neće verovati da su se ove stvari zaista dogodile. Tako da osoba koja ima telesnu veru, nema veru da veruje, prema tome, sasvim je prirodno da oni ne mogu da se povinuju Božjoj Reči. Prema tome, oni ne mogu da prime odgovore na njihove molitve i ne mogu da prime spasenje. Zbog toga je njihova vera nazvana „mrtva vera."

Suprotno tome, duhovna vera-vera da je nešto stvoreno od ničega- nazvana je „živa vera." Oni sa ovom vrstom vere će razrušiti njihove telesne misli i neće pokušavati da razumeju događaj ili situaciju isključivo baziranu na njihovim sopstvenim znanjem i mislima. Oni sa duhovnom verom imaju veru da prihvate sve što se nalazi u Bibliji na takav način. Duhovna vera je vera u kojoj se veruje u nemoguće. I zato što vodi ka spasenju, nazvana je „živa vera." Ako vi želite da postanete pravedni, vi mora da posedujete duhovnu veru.

Kako posedovati duhovnu veru

Da bi posedovali duhovnui veru, mi najpre moramo da se otarasimo svih misli i teorija u našim mislima koje nas ometaju da zadržimo duhovnu veru. Kao što je zapisano u 2. Poslanici Korinćanima 10.5, mi moramo da uništimo svaku spletku i svaku uzvišenu stvar koja je podignuta protiv znanja o Bogu, i mi koramo da zarobimo svaku misao u povinovanju prema Hristu.

Znanje, teorije, razumevanje i vrednosti koje čovek uči od rođenja nisu uvek istinite. Samo Reč Božja je apsolutna i večna istina. Ako smo uporni u tome da su ograničeno ljudsko znanje i teorije istina, onda ne postoji način da ćemo mi prihvatiti Božju Reč kao istinu. Stoga, mi nećemo moći da posedujemo duhovnu veru. Zbog toga je važno da mi pre svega moramo da razbijemo ovu vrstu načina razmišljanja.

Takođe, da bi mi posedovali duhovnu veru, mi moramo revnosno da slušamo Božju Reč. Poslanica Rimljanima 10:17 govori da vera potiče od slušanja, prema tome mi moramo da slušamo Božju Reč. Ako mi ne čujemo Reč Božju, mi nećemo znati šta je istina-prema tome duhovna vera ne može da zauzme mesto u nama. Kako mi slušamo reči Boga ili svedočenja drugih ljudi na službama bogosluženja i različitim crkvenim sastancima, klica vere raste u nama, iako na prvi pogled izgleda kao vera kao znanje.

Onda, da bi preobratili ovo znanje-osnovnu veru u duhovnu veru, mi moramo da praktikujemo reči Božje. Kao što je zapisano u Jakovljevoj Poslanici 2.22, vera deluje sa ljudskim delima, a kao rezultat dela, vera je svršena.

Osoba koja voli bejzbol ne može da postane odličan igrač bejzbola samo zato što čita mnogo knjiga o bejzbolu. Ako je sakupio znanje, on sada mora da prođe kroz rigoroznu obuku prema saznanjima koje je stekao, da bi postao odličan bejzbol igrač. Na isti način, ma koliko da čitate Bibliju, ako vaši postupci ne prate ono što ste pročitali, vaša vera će ostati kao znanjeosnovna vera i vi nećete moći da posedujete duhovnu veru. Ako sprovedete u dela ono što ste čuli, tada će vam Bog dati vašu duhovnu veru-veru da iskreno verujete iz središta vašeg srca.

Tako da, ako neko zaista veruje iz njegovog srca Božjim rečima koje govore: „Radujte se svagda; molite se Bogu bez prestanka; na svačemu zahvaljujte," koje vrste dela bi on trebao da preuzme? Naravno, on će se radovati u radosnim prilikama. Ali on će se radovati kada i teške situacije narastaju. Sa radošću, on će predati sve u Božje ruke. Ma koliko da je zauzet, on će odvojiti vreme za molitvu. I ma kakva da je okolnost, on će uvek davati zahvalnost, sa verovanjem da će biti odgovoreno na njegove molitve, zato što veruje u Svemogućeg Boga.

Na ovaj način, kada se mi povinujemo Božjim Rečima, Bog je zadovoljan našom verom, i On otklanja iskušenja i nevolje i odgovara na naše molitve da bi i mi svakako imali razlog da budemo zahvalni i da dajemo zahvalnost. Kada se mi revnosno molimo, odbacimo neistinu iz našeg srca uz pomoć Svetog Duha, i činimo u skladu sa Božjom Rečju, onda će naše znanje-osnovna vera postati kao postolje na koje će nam Bog dati duhovnu veru. Ako mi imamo duhovnu veru, mi ćemo se povinovati Reči Božjoj. Kada mi pokušamo, da sprovedemo u delo nešto što nismo mogli, onda će nam Bog pomoći da to uradimo. Zbog toga će primanje finansijskog blagoslova biti veoma lako. Kao što je zapisano u Malahiji 3.10, kada dajemo ceo desetak, Bog proliva nad nama toliko blagoslova da će se prelivati naš magacin! Zato što mi verujemo da kada sejemo, mi ćemo požnjeti 30, 60, 100 puta više, mi ćemo sejati sa radošću. Ovako sa verom, pravedni će primiti Božju ljubav i blagoslove.

Načini kako da se živi sa verom

U našim svakodnevnim životima, mi smo naišli na „Crveno more" koje stoji pred nama, „grad Jerihon" koji mi moramo da srušimo i „reku Jordan" koja se izlila. Kada ovi problemi stanu ispred nas, hodanje u istini je živa vera. Na primer, sa telesnom verom, ako nas neko udari i mi ćemo poželeti da mu vratimo i mrzećemo tu osobu. Ali ako imamo duhovnu veru, mi nećemo mrzeti drugu osobu, već ćemo je voleti. Kada mi imamo ovu vrstu žive vere-veru da sprovedemo Božju Reč u dela-neprijatelj đavo beži od nas, i naši problemi su rešeni.

Pravedan koji živi sa verom voleće Boga, povinovaće se i održavati Njegove zapovesti i činiće u skladu sa istinom. Ljudi se ponekad pitaju: „Kako mi možemo da se pridržavamo svih zapovesti?" Kao što je jedino umesno da dete poštuje njegove roditelje, da muž i žena vole jedno drugo, ako mi sebe nazivamo detetom Božjim, umesto je da se mi pridržavamo Njegove zapovesti.

Novim vernicima koji su tek počeli da idu u crkvu, možda će biti teško da u početku zatvore njihove prodavnice u nedelju. Oni su čuli da će ih Bog blagosloviti ako oni održe ceo Sabat tako što će zatvorirti prodavnicu u nedelju, ali možda će im biti teško da u to najpre poveruju. Tako da u nekim slučajevima, oni će možda biti prisutni u crkvi nedeljom na jutarnjoj službi a onda će otvoriti prodavnicu u podne.

Sa druge strane, za mnogo starije vernike, profit im ne predstavlja problem. Njihov prvi prioritet je povinovati se Božjoj Reči, tako da se oni povinuju time što su zatvorili prodavnicu u nedelju. Onda će Bog videti njihovu veru i učiniće da oni imaju još veći profit od profita koji su imali kada im je nedeljom bila otvorena prodavnica. Kao što je Bog obećao, On će ih zaštititi od gubitka i blagosloviće njih ugnjetavane, zajedno uzdrmane i pregažene.

Ovo se isto odnosi i na odbacivanje grehova. Grehovi kao što su mržnja i požuda je teško odbaciti, ali oni mogu biti odbačeni kada se revnosno molimo. Iz mog ličnog iskustva, grehove koje nisam jednostavno mogao da odbacim sa molitvom, odbacio sam ih sa postom. Ako posto u trajanju od tri dana nije pomogao, postio bi pet dana. Ako i to nije pomoglo, pokušao bi sedam dana a onda deset dana. Postio sam sve dok nisam odbacio greh. Onda, našao sam sebe da sam odbacivao greh da bi izbegao post!

Ako mi možemo da odbacimo ovih nekoliko grehova koje je teško odbaciti, onda će drugi grehovi biti laki za odbacivanje. To je kao čupanje drveta iz korena. Ako uklonimo glavni koren, svi ostali koreni će izaći iz njega. Ako mi volimo Boga, održavanje Njegovih zapovesti neće biti teško. Kako može neko ko voli Boga da se ne pridržava Njegovih reči? Voleti Boga je povinovati se Njegovim rečima. Tako da, ako imate ljubav za Njega, vi možete da se pridržavate svim Njegovim zapovestima. Da li su preblemi nagomilani pred vama veliki kao Crveno more ili kao silan grad Jerihon?

Ako mi posedujemo duhovnu veru, stavimo našu veru u dela i hodamo po putu pravednosti, onda će Bog rešiti sve naše teške probleme i odstraniće našu patnju. Što više pravedniji postajemo, naši problemi će utoliko brže biti rešeni i brže će biti odgovoreno na naše molitve! Tako da na kraju, ja se nadam da ćete vi uživati u uspešnom životu ne samo na ovoj zemlji, već i u večnim blagoslovima na Nebesima dok marširate sa vašom verom kao pravedne osobe Božje!

Rečnik

Razmišljanja, teorije i okviri u mislima

„Razmišljanje" kroz rad duše, nosi sačuvano znanje u memorijskom uređaju mozga. Ove misli mogu da budu svrstane u dve kategorije: telesne misli koje su protiv Boga i duhovne misli koje Bogu udovoljavaju. Među znanjem koje je skladirano u našoj memoriji, ako mi odaberemo ono što je istina, mi ćemo imati duhovne misli. Suprotno tome, ako odaberemo ono što je neistina, mi ćemo imati telesne misli.

„Teorija" je logika koja utvrđuje osnove znanja koje je stečeno kroz njeno iskustvo, razumevanje ili obrazovanje. Teorija se razlikuje od iskustva svake osobe, misli ili oblasti. Ona stvara sporove i više puta ide protiv Reči Božje.

„Okvir" je mentalni okvir sa kojim neko veruje da je u pravu. Ovi okviri su napravljeni kao očvrsla samopravednost čoveka. Iz ovog razloga, za neke ljude njihova ličnost je sama po sebi postala okvir, a za neke druge, njihovo znanje i teorije mogu postati okviri. Mi moramo da čujemo Reč Božju i razumemo istinu kako bi otkrili ove okvire u našim mislima i kako bi ih pokidali.

Poglavlje 8

Povinovanje u Hristu

„Jer ako i živimo po telu, ne borimo se po telu, jer oružje našeg vojevanja nije telesno, nego silno od Boga na raskopavanje gradova, da kvarimo pomisli. I svaku visinu koja se podiže na poznanje Božije, i robimo svaki razum za pokornost Hristu, i u pripravnosti imamo osvetu za svaku nepokornost, kad se izvrši vaša pokornost."
(2. Korinćanima Poslanica 10:3-6)

Ako mi prihvatimo Isusa Hrista i postanemo pravedna osoba koja poseduje duhovnu veru, mi možemo da primimo neverovatne blagoslove od Boga. Ne samo da ćemo mi moći da damo slavu Bogu čineći dela Božja na čudesan način, već šta god da potražimo u molitvi, On će nam odgovoriti i mi ćemo voditi život koji je napredan na svaki način.

Međutim, postoje neki ljudi koji priznaju da veruju u Boga, a opet se ne pokoravaju Božjoj Reči, a prema tome, oni ne mogu da dostignu pravednost Božju. Oni tvrde da se mole i da naporno rade za Gospoda, a ipak ne dobijaju blagoslove, i uvek su u sredini iskušenja, nevolja i bolesti. Ako jedan ima veru, on treba da živi u skladu sa Božjom Rečju i prima njegove obilne blagoslove. Ali zašto vernici nisu u mogućnosti da ovo urade? To je zbog toga zato što se konstantno drže telesnih misli.

Telesne misli koje su neprijateljski naklonjene prema Bogu

Izraz „telesne" se odnosi na nečije telo koje je u kombinaciji sa grešnom prirodom. Ove grešne prirode jesu neistina u nečijem srcu, koja po spoljašnosti nije bila otkrivena kao delo. Kada ovo neistine izađu u obliku misli, ove misli su nazvane „telesne misli." Kada mi imamo telesne misli, mi ne možemo u potpunosti da se povinujemo istini. Poslanica Rimljanima 8:7 kaže: „...jer telesno mudrovanje neprijateljstvo je Bogu, jer se ne pokorava zakonu Božijem niti može."

Onda još izrazitije, šta su telesne misli? Postoje dve vrste misli. Prve su telesne misli koje nam pomažu u skladu sa istinom, ili Božjim zakonom, a druge su telesne misli koje nas drže da činimo u skladu sa Božjim zakonom (Poslanica Rimljanima 8:6). Dok biramo između istine i neistine, mi možemo da imamo ili duhovnu veru ili telesne misli.

Ponekada kada vidimo nekoga ko nam se ne dopada, sa jedne strane, mi ćemo možda imati misli da nam se ta osoba ne dopada u skladu sa našim bolesnim mislima prema njemu. Sa druge strane, mi ćemo možda imati misli sa pokušajem da volimo tu osobu. Ako vidimo našeg komšiju koji ima nešto lepo, mi bi mogli da imamo misli da ukrademo od njega ili misli da ne smemo da poželimo da uzmemo imovinu našeg komšije. Misli koje su u skladu sa zakonom Božjim, koje kažu: „Volite vaše komšije" i „Ne poželi," ovo su duhovne misli. Ali misli koje vas provociraju da mrzite ili kradete su suprotne Božjim zakonima; i stoga su telesne misli.

Telesne misli su neprijateljski naklonjene prema Bogu; prema tome one sprečavaju razvoj našeg duhovnog rasta i idu protiv Boga. Ako mi pratimo telesne misli, mi rastemo udaljeni od Boga, podložni smo svetovnom životu i na kraju se suočavamo sa iskušenjima i nevoljama. Postoje mnoge stvari koje mi vidimo, čujemo i učimo na ovom svetu. Mnoge od njih su protiv Boga i ometaju naš hod u veri. Mi moramo da razumemo da su sve ove stvari telesne misli koje su neporijateljski nastorojene prema Bogu. I jednom kada otkrijemo ove misli, mi moramo da ih temeljno odbacimo. Ma koliko da izgleda ispravno po vama, ako to nije u liniji sa Božjom voljom, to je telesna misao i prema tome, neprijateljski je nastrojena ka Bogu.

Hajde da razmotrimo slučaj Petra. Kada je Isus rekao učenicima o tome da će On otići u Jerusalim da bude razapet i da će vasrsnuti trećeg dana, Petar je rekao: „Bože sačuvaj! Neće to biti od tebe" (Jevanđelje po Mateju 16:22). Ali onda je Isus rekao: „Idi od mene Sotono! Ti si mi sablazan; jer ne misliš šta je Božje nego ljudsko" (Jevanđelje po Mateju 16:23).

Petar kao desna ruka Isusov učenik, rekao je ovo iz ljubavi za njegovog učitelja. Ali ma koliko da je bila dobra njegova namera, njegovo reči su išle protiv Božje volje. Zato što je to bila volja Božja da On preuzme krst i otvori vrata ka spasenju, Isus je oterao Sotonu, koja je pokušala da ometne Petra kroz njegove misli. Na kraju, kako je on doživeo Isusovu smrt i vaskrsenje,

Petar je počeo da shvata koliko su beznačajne i neprijateljski naklonjene misli protiv Boga i on je u potpunosti uništio te misli. Kao rezultat, Petar je postao ključni igrač u širenju jevanđelja o Hristu i i izgradio je prvu čvrsto stojeću crkvu.

„Samopravednost" - jedna od glavnih telesnih misli

Među svim različitim vrastama telesnih misli, „samopravednost" je glavni primer. Jednostavno rečeno, „samopravednost" je rasprava da ste u pravu. Nakon što je osoba rođena, ona uči mnoge stvari od njegovih roditelja i učitelja. Ona takođe uči kroz prijatelje i različita okruženja kome je izložena. Ali bez obzira koliko su dobri roditelji i učitelji te osobe, nije lako da jedinka tek tako nauči istinu. Veća je verovatnoća da će on naučiti mnogo stvari koje idu protiv volje Boga. Naravno, svako pokušava da nauči ono što misli da je ispravno; međutim, kada razmišlja o Božjim standardima o pravednosti, skoro sve stvari su neistina. Vrlo malo ima koje su istina. Ovo je zato što niko nije dobar osim samog Boga (Jevanđelje po Marku 10:18; Jevanđelje po Luki 18:19).

Na primer, Bog na govori da na zlo uzvratimo dobrim. On nam govori ako vas neko natera da idete sa njim jedan kilometar, vi idite sa njim dva kilometra. Ako vam uzmu kaput, dajte im i majcu. On nas uči da je onaj koji služi mnogo veći; i da jedan koji daje i žrtvuje se je na samom kraju pobednik. Ali šta ljudi misle o „pravednosti" se razlikuje od osobe do osobe. Oni uče da na zlo treba da vratimo zlo, i da treba da ustanemo protiv zla do samog kraja dok ne ostvarimo pobedu.

Evo jednog primera. Vaše dete je otišlo kod drugara kući

i vraća se kući plačući. Njegovo lice izgleda kao da ga je neko noktima ogrebao. U ovom trenutku, većina roditelja će biti veoma uznemirena i grdiće svoje dete. U nekim ozbiljnijim slučajevima, roditelj će možda reći: „Sledeći put, ne moj samo da sediš i primaš udarce. Vrati mu!" Oni uče njihovu decu da je dobijanje batina delo slabosti, ili gubitka. Takođe, postoje oni ljudi koji možda pate zbog bolesti. Bez obzira na to kako se njihov pazitelj možda oseća, oni poriču ovo i poriču ono, i pokušavaju da sami sebi ugode. Sa tačke gledišta bolesnog čoveka, zato što je njihov bol veliki oni smatraju da su njihova dela opravdana. Međutim, Bog nas uči da ne tražimo sopstvenu korist, već da tražimo korist drugih. Na ovaj način se ljudske misli i misli Božje razlikuju. Ljudski standard pravednosti i Božji standard pravednsoti je veoma različit.

U Postanku 37:2, mi vidimo Josifa koji je zbog njegove samopravednosti pokazivao ocu s vremena na vreme pogrešna dela njegove braće. Sa njegove tačke gledišta, on njije voleo bezakona dela njegove braće. Da je Josif imao malo više dobrote u njegovom srcu, on bi tražio Božju mudrost i našao bi mnogo bolje i mirnije rešenje problema a da ne povređuje njegovu braću. Međutim, zbog njegove samopravednosti, njega su mrzela braća i njihovim rukama su njega prodali kao roba u Egipat. Tako da na ovaj način, ako vređate osobu zbog toga što mislite da je „pravedna," onda ćete vi možda iskusiti ovu vrstu nevolja.

Međutim, šta se dogodilo Josifu nakon što se razumeo pravednost Božju kroz iskušenja i nevolje sa kojim se suočio? On je odbacio samopravednost i uzdigao se do pozicije da je postao prvi ministar Egipta gde je zaslužio vlast da vlada nad mnogim ljudima. On je čak i spasio njegovu porodicu od gladi, uključujući i njegovu braću koji su ga prodali kao roba. On je takođe bio i iskorišćen da obezbedi osnovu za formiranje nacije Izraela.

Apostol Pavle je pogazio njegove telesne misli

U Poslanici Filipljanima 3:7-9, Pavle je rekao: „No šta mi beše dobitak ono primih za štetu Hrista radi. Jer sve držim za štetu prema prevažnom poznanju Hrista Isusa Gospoda svog, kog radi sve ostavih, i držim sve da su trice, samo da Hrista dobijem, i da se nađem u Njemu..."

Rođen u Tarsi, glavnom gradu Kilikija, Pavle je bio Rimski državljanin od rođenja. Imajući Rimsko državljanstvo koje je vladalo svetom u to vreme, znači da je imao značajnu društvenu moć. Pored toga, Pavle je bio ortodoksni farisej iz plemena Venijamin (Dela Apostolska 22:3) i studirao je pod Gamalilovima, najboljim učenjacima u to vreme.

Kao najrevnosniji među Jevrejima, Pavle je bio na čelu u proganjanju hrišćana. U stvari, on je bio na putu za Damaskus da uhapsi hrišćane koji su se tamo nalazili, kada je sreo Isusa Hrista. Kroz ovaj susret sa Gospodom, Pavle je razumeo njegova pogrešna dela i počeo je zaista shvata da je Isus Hrist odista pravi Spasitelj. Od tog trenutka pa nadalje, on se odrekao svog obrazovanja, vrednosti i društvenog položaja i pratio je Gospoda.

Nakon što je sreo Isusa Hrista, šta je bio razlog da je Pavle smatrao gubitkom sve ove stvari koje su mu bile dodeljene? On je shvatio da svo njegovo znanje potiče od čoveka, običnog stvorenja i da je prema tome ograničen. On je takođe počeo da shvata da čovek može da stekne život i uživa u večnoj radosti na Nebesima verovanjem u Boga i prihvatanjem Isusa Hrista, i da je početak znanja i ukupno razumevanje, u stvari Bog.

Pavle je shvatio da je školsko znanje ovog sveta jedva potrebno za život na ovoj zemlji, ali da je znanje o Isus Hristu najplemenitiji oblik znanja sa kojim može da se reši osnivni ljudski problem. On je otkrio da unutar okvira znanja o Isusu Hristu, postoji neograničena moć i vlast, blago, poštovanje i bogatstvo. Zato što je on imao toliko čvrsto verovanje u ovu činjenicu, on je smatrao gubitkom i smećem svo njegovo školsko znanje i razumevanje sa ovog sveta. Ovo je bilo za cilj da stekne Hrista i da bude u Njemu pronađen.

Ako je neko tvrdoglav i misli: „Ja znam," i ako je pun samog sebe sa mislima: „Ja sam uvek u pravu," onda on nikada neće biti u mogućnosti da pronađe pravog sebe i uvek će da ima mišljenje da je najbolji. Ovakva vrsta osobe neće slušati druge sa poniznim srcem; prema tome, on ništa ne može da nauči i ne može ništa da razume. Međutim, Pavle je sreo Isusa, najvećeg učitelja svih vremena. Da bi prisvojio Njegovo znanje, on je odbacio sve njegove telesne misli koje je nekad smatrao apsolutnom istinom. Ovo je bilo da bi se Pavle otarasio njegovih telesnih misli da bi stekao plemenito znanje o Hristu.

Prema tome, apostol Pavle je imao mogućnost da dostigne pravednost koja udovoljava Bogu, kao što je i priznao: „...ne imajući svoje pravde koja je od zakona, nego koja je od vere Isusa Hrista, pravdu koja je od Boga u veri" (Poslanica Filipljanima 3:9).

Pravednost koja potiče od Boga

Pre nego što je sreo Gospoda, apostol Pavle se striktno pridržavao Zakona i sebe je smatrao pravednim. Ali nakon što je on sreo Gospoda i primio Svetog Duha, on je otkrio njegovu iskrenu ličnost i priznao je: „Hristos Isus dođe na svet da spase grešnike, od kojih sam prvi ja" (1. Timotijeva Poslanica 1:15). On je shvatio da je imao oba i prvobitan greh i samopočinjene grehove/prave grehove i da tek treba da ispuni istinu, duhovnu ljubav. Da je, od početka bio pravedan i da je hodao u veri koja ugađa Bogu, on bi prepoznao ko je Isus bio i od početka bi Njemu služio. Međutim, on nije prepoznao Spasitelja i umesto toga bio je deo onih koji su proganjali one koji su verovali u Isusa. Tako da u stvarnosti, on se nije razlikovao od fariseja koji su zakovali Isusa na krst.

U vremenima Starog Zaveta, oni su morali da vrate oko za oko i zub za zub. U skladu sa Zakonom, ako bi neko počinio ubistvo ili preljubu, bio bi kamenovan do smrti. Ali fariseji nisu razumeli iskreno srce Boga sadržano u Zakonu. Zašto bi Bog ljubavi stvorio ovakva pravila?

U vremenima Starog Zaveta, Sveti Duh nije dolazio u srca ljudi. Njima je bilo mnogo teže da kontrolišu njihova dela za razliku od onih koji su primili Svetog Duha, Utešitelja, u vremenima Novog Zaveta. Stoga, greh je mogao brzo da se širi tamo gde nije bilo kazna već samo oproštaj. Iz ovog razloga, da bi sprečili ljude da čine grehove i da bi sprečili širenje grehova, oni su morali da plate životom, oko za oko i zub za zub i noga za nogu. Takođe, ubistvo i preljuba su ozbiljni zli grehovi, takođe samo od strane svetovnih standarda. Osoba koja počini ovakve vrste grehova ima srce koje je veoma očvrslo. Biće teško takvoj osobi da se okrene od njegovih puteva. Tako da, pošto on ne može da primi spasenje i pošto svakako ide ka putu pakla, bolje će biti po njega da bude kamenovan i da dozvoli da kazna služi kao uzpozorenje i lekcija za druge ljude.

Ovo je takođe ljubav Božja, ali Bog nikada nije nameravao niti je želeo čoveku da ima pravni oblik vere gde neko treba da plati oko za oko i zub za zub. U Knjizi Ponovljenog Zakona 10:16, Bog je rekao: „Zato obrežite srce svoje, i nemojte više biti tvrdovrati." A Jeremija 4:4 kaže: „Obrežite se GOSPODU, i skinite okrajak sa srca svog, Judejci i Jerusalimljani, da ne iziđe jarost moja kao oganj i razgori se da ne bude nikoga ko bi ugasio za zla dela vaša."

Vi možete da vidite da čak i u vremenima Starog Zaveta, ovo proroci koji su bili prepoznati od Boga, nisu imali pravnu veru. Ovo je zato što ono što Bog zaista želi, jeste duhovna ljubavi i saosećanje. Baš kao što je Isus Hrist ispunio Zakon sa ljubavlju, ovi proroci i patrijarsi koji su primili Božju ljubav i blagoslove, žudili su za ljubavlju i mirom.

U Mojsijevom slučaju, kada su Izraelci stajali na ivici smrti zbog počinjenog neoprostivog greha, On se zalagao u njihovo ime i tražio je od Boga da zameni njegovo spasenje za njihovo. Pavle međutim, nije bio ovakav pre nego što je sreo Isusa hrista. On nije bio pravedn u Božjim očima. On je bio pravedan u sopstvenim očima.

Tek nakon što je sreo Hrista on je smatrao gubitkom sve što je do tada znao, i počeo je da širi plemenito znanje o Hristu. Iz njegove ljubavi prema dušama, Pavle je posadio crkve gde god da se zaustavio i on je žrtvovao njegov život za jevanđelje. On je živeo najvrednijom i najdragocenijom vrstom života.

Saul se nije povinovao Bogu sa telesnim mislima

Saul je pravi primer čoveka koji je sebe postavio protiv Boga zato što je imao telesne misli. Pomazan od strane proroka Samuela, Saul je bio prvi kralj Izraela koji je vladao nad nacijom 40 godina. Pre nego što je postao kralj, on je bio ponizan čovek. Ali nakon što je postao kralj, on je polako postajao sve više i više ponosniji. Na primer, kada se Izrael spremao za rat sa Filistejcima i kada se prorok Samuilo nije pojavio u dogovoreno vreme, ljudi su počeli da se razilaze, čak iako je samo sveštenik trebao da prinese žrtvu na oltaru, Saul je sam prineo žrtvu po sopstvenom nahođenju i tako je činio protiv volje Božje. A kada je Samuel njega oštro kritikovao zato što nije imao obzira prema granicama svetosti sveštenika, umesto da se pokaje, Saul je brzo pronašao izgovore.

A kada mu je Bog rekao da „u potpunosti uništi Amalićane," on se nije povinovao. On je umesto toga zarobio kralja. On je čak i poštedeo izbor stoke i doveo ih kući. Zato što je on dozvolio njegovim telesnim mislima da dopru do njega, on je stavio njegove sopstvene misli ispred Božjih reči. I opet je tražio od njegovog naroda da ga uzdiže. Na kraju, Bog je okrenuo Njegovo lice od njega i bio je poderan zlim duhovima. Ali čak i pod ovim uslovima, on je odbio da okrene lice od zla i pokušavao je da ubije Davida, onog koga je Bog moripomazao. Bog je dao Saulu mnogo prilika da se okrene, ali on nije mogao da odbaci njegove telesne misli i opet se nije povinovao Bogu. Na kraju, on je krenuo ka putu smrti.

Načn da se ispuni Božja pravednost kroz veru

Kako onda mi možemo da odbacimo telesne misli koje su neporijateljski nastrojene prema Bogu da mogu da postanu pravedne prema Bogu? Mi moramo da uništimo spekulacije i sve uzvišene stvari koje su uzvišene protiv znanja o Bogu i da zarobimo svaku misao do povinovanja prema Hristu (2. Korinćanima Poslanica 10:5).

Pokoriti se Hristu ne znači biti okovan ili biti mučen. To je put ka blagoslovima i ka večnom životu. Zbog toga su se oni koji su prihvatili Isusa Hrista kao njihovog Spasitelja i iskusili neverovatnu ljubav Boga povinovali Njegovoj Reči i borili se da oponašaju Njegovo srce.

Tako da, kako bi mi dostigli pravdnost Božju kroz veru u Isusa Hrista, mi moramo da odbacimo svaki oblik zla (1. Solunjanima Poslanica 5:22) i težimo da ispunimo dobrotu. Vi nećete imati telesne misli ako nemate neistinu u vašem srcu. Vi dobijate dela Sotone i idete ka zlim putevima onoliko koliko imate neistinu u vama. Prema tome, povinovanje Hristu znači odbaciti neistinu u vama i poznavanje i delanje u skladu sa Božjom Rečju.

Ako nam Bog govori „posvetite sebe da biu se sreli," onda bez uključivanja naših sopstvenih misli, mi treba sebe da posvetimo da bi se zajedno sreli. Kako mi prisustvujemo službama bogosluženja, mi treba da razumemo Božje puteve i povinujemo se u skladu sa time. Međutim, baš kao što mi znamo Reč Božju to ne znači da mi ne možemo da je primenimo na pravi način. Mi moramo da primimo snagu da bi sproveli Reči u dela. Kada se mi molimo, mi postajemo puni Svetim Duhom i možemo da isečemo telesne misli. Ali ako s ene molimo, naše telesne misli će nas uhvatiti i vodiće nas na pogrešan put.

Prema tome, mi bi trebali da s revnosno molimo boreći se da živimo u skladu sa Božjom Rečju. Pre nego što smo sreli Isusa Hrista, mi smo možda pratili želje mesa govoreći: „hajde da se odmorimo, uživamo, hajde da pijemo i da se veselimo." Ali nakon što sretnemo Isusa Hrista, mi ćemo moći da meditiramo kako da ispunimo Njegovo kraljevstvo i Njegovu pravednost i mi ćemo moći da radimo naporno da bi sproveli našu veru u dela. Mi treba da otkrijemo i odbacimo zlo kao što su mržnja i ljubomora šro je suprotno Božjoj Reči. Mi treba da radimo kao što je Isus činio- volimo naše neprijatelje i ponizimo sebe dok služimo drugima. Onda, ovo znači da postižemo pravednost Božju.

Ja se nadam da ćete vi moći da uništite spletke i svaku svetovnu stvar koja raste protiv znanja Božjeg, i da zarobite svaku misao u povinovanju Hristu kao što je apostol Pavle učinio, da bi primili mudrost i razumevanje od Boga i da bi psotali pravedna osoba koja napreduje u svim stvarima.

Rečnik

Pravednost vere, pokornosti i dela

Pravednost vere pokazije pozitivnu spoljašnost sa očima vere umesto jednostavna pogled stvarnosti kao što je verovanje u Božju Reč. To je oslanjanje ne samo na sopstvene misli i sposobnosti, već na samu Reč Božju.

Pravednost u pokornosti nije samo povinovanje zapovesti da jedan može da nosi sa njegovom i njenom sopstvenom snagom. To je, u granicama istine, povinovanje čak i zapovesti za koju jedan smatra da je nemoguće izneti. Ako osoba ima pravednost vere on može ist da ispuni i pravednost povinovanja. Osoba koja je ispunila pravednost povinovanja zasnovanu na njegovoj pravednosti vere može da se povinuje sa verom, čak i u okolnostima koje su striktno zabranjene.

Pravednost delaje sposobnost da se čini u skladu sa Božjom voljom bez ikakvih izgovora, sve dok je to nešto što Bog želi. Kapacitet da se iznese pravednost dela varira u svakoj osobi i zavisi od nečijeg karaktera posude i karaktera srca. Što više osoba zanemaruje sopstvenu korist zbog koristi drugih, tim više može da ispuni ova vrsta pravednosti.

Poglavlje 9

Onaj koga je Gospod pohvalio

„Jer onaj nije valjan koji se sam hvali, nego kog Gospod hvali."
(2. Korinćanima Poslanica 10:18).

Bez obzira u kojoj oblasti smo mi stručni, ako se ističemo u onome što radimo, mi možemo biti pohvaljeni. Ipak, postoji razlika između pohvale od strane neke nasumične osobe i pohvale od stručnjaka iz naše oblasti. Tako, ako nas naš Gospod, Kralj svih kraljeva, Gospodar svih gospodara prizna, onda će ta radost biti neuporediva sa bilo čim na ovom svetu!

Onaj koga je Gospod pohvalio

Bog zapoveda onim ljudima čija su srca pravedna i koji nose miris Hrista. U Bibliji nema mnogo slučajeva gde Isus pruža pohvalu. Ali kada je On to učinio to nije bilo direktno, već je On to učinio indirektno rečima kao što su: „Učinio si ispravnu stvar." „Zapamti ovo." „Raširi ovo."

U Jevanđelju po Luki, poglavlje 21, mi vidimo siromašnu udovicu koja daje ponudu dva mala bakarna novčića. Isus je pohvalio ovu udovicu koja je prinela ponudu sa svim što je imala, govoreći: „Zaista vam kažem: ova siromašna udovica metnu više od sviju; jer svi ovi metnuše u prilog Bogu od suviška svog, a ona od sirotinje svoje metnu svu hranu svoju što imaše." (stihovi 3-4).

U Jevanđelju po Marku, poglavlje 14, mi se srećemo sa scenom kada žena prosipa skupoceni parfem na Isusovu glavu. Neki ljudi koji su bili tamo krotikovali su je zbog ovoga, govorivši: „Jer se mogaše za nj uzeti više od trista groša i dati siromasima" (stih 5).

Na ovo Isus je odgovorio:„Jer siromahe imate svagda sa sobom, i kad god hoćete možete im dobro činiti; a Mene nemate svagda. Ona šta može, učini: ona pomaza napred telo Moje za ukop. Zaista vam kažem, gde se god uspropoveda jevanđelje ovo po svemu svetu, kazaće se i to za spomen njen" (stihovi 6-9).

Ako želite da vas Gospod pohvali na ovaj način, onda vi prvo morate da učinite ono što treba da učinite. Tako, proučimo posebno one stvari koje mi treba da učinimo kao ljudi od Boga.

Biti priznat od Boga

1) Marljivo napravljen oltar pred Bogom

Postanak 12:7-8 kaže: „I javi se Gospod Avramu i reče: „Tvom semenu daću zemlju ovu." I Avram načini onde žrtvenik

Gospodu, koji mu se javio. Posle otide odande na brdo, koje je prema istoku od Vetilja, i onde razape šator svoj, te mu Vetilj beše sa zapada a Gaj s istoka; i onde načini Gospodu žrtvenik, i prizva ime Gospodnje." Štaviše, u Postanku 13:4 i 13:18, takođe je zapisano da je Avram napravio oltar pred Bogom.

U Postanku, poglavlje 28 mi vidimo zapisano kako je Jakov napravio oltar pred Bogom. Dok je bežao od svog brata kojije pokušavao da ga ubije, Jakov je došao na mesto na kom je zaspao sa kamenom kao uzglavljem. U njegovom snu on je video merdevine koje se pružaju do Nebesa i video je Božje anđele koji se penju i spuštaju niz merdevine i čuo je Božji glas. Kada se sledećeg jutra probudio, Jakov je uzeo kamen koji mu je bio uzglavlje, uspravio ga kao stub, polio ga uljem i tu slavio Boga.

U današnjem smislu, napraviti oltar pred Bogom je isto kao otići u crkvu i prisustvovati bogosluženjima. To znači učiniti istinsku ponudu svim svojim srcem i zahvaljivati se; to znači slušati Božju Reč i primati je kao hranu za naše srce. To znači primati Reč koju smo čuli i primenjivati je na dela. Na ovaj način, pošto bogoslužimo u duhu i istini i pošto primenjujemo Reč, Bog je zadovoljan nama i vodi nas u život pun blagoslova.

2) Uzdignite molitve koje Bog želi da čuje

Molitva je duhovno disanje. To je komunikacija sa Bogom. Važnost molitve se naglašava na mnogo različitih mesta kroz Bibliju. Naravno, ako Mu i ne govorimo o svakom detalju, On već sve zna. Međutim, zato što On želi da komunicira sa nama i podeli ljubav sa nama, Bog je dao obećanje u Jevanđelju po

Mateju 7:7: „Ištite, i daće vam se."
Da bi naša duša prosperirala i otišla na Nebesa, mi se moramo moliti. Samo onda kada smo ispunjeni milošću i Božjom moći i upotpunjeni Svetim Duhom, mi možemo odbaciti telesne misli koje su u suprotnosti sa istinom i možemo biti ispunjeni Božjom Rečju, istinom. Takođe, mi se moramo moliti da bismo postali ljudi od istine, ljudi od duha. Moleći se, sve stvari kod nas će prosperirati i mi ćemo biti dobrog zdravlja dok naša duša prosperira.

Svi ljudi koji su bili voljeni i priznati od Boga bili su ljudi koji su se molili. 1. Samuelova Poslanica 12:23 kaže: „A Meni ne dao Bog da zgrešim Gospodu i prestanem moliti se za vas." Da bismo primili nešto od Boga što nije moguće ljudskom moći, mi moramo komunicirati sa Bogom. Danijel, Petar i apostol Pavle su bili ljudi koji su se molili. Isus se molio rano ujutru, a ponekad i tokom cele noći. Priča o tome kao se On molio u Getsimaniji dok mu znoj nije postao kao kapljice krvi je vrlo poznata.

3) Imati veru da bi se primili odgovori

U Jevanđelju po Mateju, poglavlje 8, kapetan dolazi da vidi Isusa. U to vreme Izrael je bio okupiran od strane Rima. Kapetan rimske vojske bi danas bio sličan visoko-rangiranom vojnom oficiru. Kapetan moli Isusa da isceli njegovog slugu koji je patio od paralize. Isus je video kapetanovu ljubav i veru, te je odlučio da ode i isceli slugu.

Ali kapetan je dao ovo priznanje vere: „Gospode, nisam dostojan da pod krov moj uđeš; nego samo reci reč, i ozdraviće sluga moj. Jer i ja sam čovek pod vlasti, i imam pod sobom vojnike, pa kažem jednom: „Idi!" i ide; i drugom: „Dođi!" i dođe; i sluzi svom: „Učini to!" i učini."(Jevanđelje po Mateju 8:8-9).

Videvši kapetanovu veru i poniznost kao dragocenu, Isus je rekao: „Zaista vam kažem: ni u Izrailju tolike vere ne nađoh" (stih 10). Mnogo ljudi želi da ima ovakvu vrstu vere, ali mi ne možemo imati ovakvu vrstu vere samo zbog naše volje. Što više dobrote imamo u našem srcu i što više sprovodimo Božju Reč u delo, to nam više Bog daje ovakvu vrstu vere. Zbog toga što je kapetan imao dobro srce, zbog onoga što je on video i čuo o Isusu, on je jednostavno verovao. Na ovaj način, Bog pohvaljuje svakoga ko veruje i ko svoju veru sprovodi u dela, a Bog dela u skladu sa njihovom verom.

4) Imati skromno srce pred Bogom

U Jevanđelju po Marku, poglavlje 7, žena Sirijskofeničrka je došla pred Isusa sa skromnim srcem, želeći da isceli svoju ćerku koju je zaposeo demon. Kada je žena tražila od Njega da isceli njenu ćerku, Isus je rekao: „Stani da se najpre deca nahrane; jer nije pravo uzeti hleb od dece i baciti psima" (stih 27). Žena se nije naljutila niti uvredila, iako je bila upoređena sa psom.

Zato što je bila ispunjena velikom željom da dobije odgovor bez obzira na sve, i zato što je verovala u Isusa, koji je bio sama Istina, ona je sebe ponizila na veoma skroman način i nastavila je da uzvikuje: „Da, Gospode, ali i psi pod trpezom jedu od mrva detinjih" (stih 28). Isus je bio dirnut njenom verom i poniznošću da je On odgovorio na njen zahtev rekavši joj: „Idi, izađe đavo iz kćeri tvoje" (stih 29). Mi moramo imati ovakvu vrstu poniznosti pred Bogom kad tražimo i molimo se.

5) Sejite sa verom

Sejanje sa verom je takođe deo pravednosti, koju Bog zapoveda. Ako želite da postanete bogati, sejite u skladu sa zakonom setve i žetve. Ovo je najprimenjivije kada se radi o davanju desetka i ponuda zahvalnosti. Čak i kada pogledamo zakone prirode, mi možemo videti da se žanje onako kako se poseje. Ako sejete pšenicu, žnjećete pšenicu, a ako sejete pasulj, žnjećete pasulj. Ako sejete malo, žnjećete malo, a ako sejete mnogo, žnjećete mnogo. Ako sejete na plodnom zemljištu, žnjećete dobre plodove; a što bolje orezujete i održavate, žnjećete bolje plodove.

Ponude koje mi dajemo pred Bogom se koriste za spasenje izgubljenih duša, za izgradnju crkava i za podršku misijama i pomoć onima kojima je pomoć potrebna. Zbog toga mi možemo izraziti našu ljubav prema Bogu kroz ponude. Ponude se koriste da se ispuni Božje kraljevstvo i Njegova pravednost, tako Bog prima ove ponude sa radošću i blagosilja nas dajući nam zauzvrat 30, 60 ili 100 puta više. Šta bi Bogu Stvoritelju nedostajalo što bi nam tražio da Mu ponudimo? On nam daje mogućnost da žanjemo ono što sejemo i da primimo Njegove blagoslove!

Kao što je zapisano u 2. Korinćanima Poslanici 9:6-7:„Ovo pak velim: koji s tvrđom seje, s tvrđom će i požnjeti; a koji blagoslov seje, blagoslov će i požnjeti. Svaki po volji svog srca, a ne sa žalošću ili od nevolje; jer Bog ljubi onog koji dragovoljno daje."

6) Imajte poverenja i oslonite se na Boga u svim vremenima

David je uvek pitao Boga, te ga je Bog vodio njegovim putem i pomogao mu da izbegne razne teškoće. David je upitao Boga: „Da li da učinim ovo ili da učinim ono?", naročito o svemu i on je delao u skladu sa Njegovim uputstvima (Ref: 1 Samuel,poglavlje 23). Zbog toga je on mogao da pobedi u tako mnogo bitaka. Zato Bog više voli onu Njegovu decu koja uvek veruju i pitaju za Njegova uputstva. Ipak, ako Boga nazivamo „Ocem" a ipak verujemo svetu ili našem sopstvenom znanju više nego Bogu, onda nam Bog ne može pomoći.

Što smo više u istini, što više možemo da pitamo Boga, to nas više Bog može pohvaliti. U svemu što radimo mi treba da izdvojimo mudrost u traženju Boga prvo i najpre, a onda treba da čekamo da primimo Njegov odgovor i vođstvo.

7) Povinujte se Božjoj Reči

Jer nam Bog zapoveda: „Držite Sabat svetim," mi treba da idemo u crkvu, bogoslužimo, budemo u zajedništvu sa suvernicima i da dan provedemo na sveti način. A zato što nam je On zapovedio: „Radujte se uvek i zahvaljujte se za sve," mi treba da se radujemo i da budemo zahvalni bez obzira na okolnosti koje nam dolaze. Ljudi kao ovi, koji se pridržavaju Njegovih zapovesti u njihovim srcima i povinuju se, primaju blagoslov da su uvek u prisustvu Boga.

Kroz povinovanje, Petar, Isusov učenik, susreo se sa neobičnim događajem. Da bi platio porez hramu, Isus je rekao Petru da: „baci udicu, i koju prvo uhvatiš ribu, uzmi je; i kad joj otvoriš usta naći ćeš statir. Uzmi ga te im podaj za me i za se" (Jevanđelje po Mateju 17:27). Da je Petar odbio da poveruje Isusovim rečima i da nije otišao na jezero da uhvati ribu, onda on ne bi iskusio ovaj čudnovati događaj. Ali Petar se povinovao i zabacio udicu, te je mogao da iskusi neverovatnu Božju moć. Sva dela vere zapisana u Bibliji su slična ovom. Kada Bog čini, On čini u skladu sa merom vere svake osobe. On neće terati nekoga sa malom merom vere da se preda van njegove mogućnosti. On mu prvo daje mogućnost da iskusi Njegovu moć povinujući se nečem malom, a onda mu kroz to daje nešto više duhovne vere. Tako da će on sledeći put moći da se povinuje Njemu nečim malo većim.

Zakovite vaše strasti i želje na krst

Do sada smo proučili stvari koje mi moramo učiniti da bi bili priznati, pohvaljeni i proglašeni pravednim pred Bogom. Štaviše, kada mi zakucamo naše telesne strasti i želje na krst, Bog to smatra pravednošću i hvali nas. Ali zašto bi se strasti i želje smatrale grehovima? Poslanica Galaćanima 5:24 beleži: „A koji su Hristovi, raspeše telo sa slastima i željama." Ovo nam govori da mi treba hrabro da odsečemo ove stvari.

„Strast" je davanje i primanje nečijeg srca. To je bliskost koju osećate prema nekom kako ga sve bolje upoznajete i gradite odnos sa njim. Ovo ne važi samo za ljude koji se udvraju jedno drugom, već i za porodicu, prijatelje i komšije. Ali zbog ovih „strasti", mi lako možemo postati pristrasni i sužene svesti. Na primer, najveći broj ljudi ne oprašta lako ako komšija napravi neku malu grešku, ali kada njihova deca naprave istu grešku, oni su skloniji da oproste i razumeju. Ali ove vrste telesnih strasti ne pomažu narodu, porodici ili individui da se čvrsto drži u pravednosti.

„Želje" su slične. Čak i David koga je Bog toliko voleo, završio je počinivši smrtni greh ubistva nevinog muža Vitsave, da bi sakrio činjenicu da je sa njom počinio preljubu. Na ovaj način telesne strasti i želje rađaju greh, a greh vodi ka putu smrti. Kada se počini greh, grešnik će sigurno biti kažnjen.

U Isusu Navinu, poglavlje 7, mi se susrećemo sa tragičnim događajem koji se desio kao rezultat ljudske telesne želje. Nakon Izlaska iz Egipta, tokom osvajanja zemlje Hananske, Izraelci su prešli reku Jordan i izvojevali veliku pobedu protiv grada Jerihona. Nakon toga ipak, bili su poraženi u bici protiv grada Gaj. Kada su Izraelci razmatrali uzrok ovog poraza, otkrili su da je čovek po imenu Ahan bio pohlepan i sakrio mantil i nešto zlata i srebra od stvari koje su oduzete iz Jerihona. Bog je zapovedio Izraelcima da ne uzimaju ništa što je oduzeto iz Jerihona za njihovu sopstvenu korist, ali Ahan nije poslušao.

Zbog Ahanovog greha, patilo je mnogo Izraelaca, a konačno su Ahan i njegova deca bili kamenovani do smrti. Kao što mala količina kvasca nadiže celu veknu hleba, tako je jedan čovek, Ahan, mogao da dovede do toga da padne ceo narod Izraela.

Zbog toga ga je Bog tako oštro kaznio. Naša prva misao bi mogla biti: „Kako je Bog mogao nekoga da kazni smrću samo zato što je ukrao jedan mantil i nešto zlata i srebra?" Ipak, razlog je pravedan za ono što se dogodilo.

Ako je seljak nakon što je završio sa setvom, posejao nešto korova u zemlju i pomislio: „Oh, to je samo jedna ili dve biljke..." a onda ih ostavio, za neko vreme, korov bi porastao, proširio se i ugušio useve. Onda seljak ne bi mogao da požanje dobre useve. Strasti i želje su kao korov, tako one postaju prepreke na putu ka Nebesima i na putu primanja odgovora od Boga. One su bolne i uzaludna odvraćanja koje ne služe dobroj svrsi. Zato nam Bog govori da „zakovemo ove stvari na krst."

Sa druge strane, Asa, treći kralj južnog kraljevstva Judeje, strogo je odsekao svoje strasti i želje i time udovoljio Bogu (1. Knjiga Kraljevima, poglavlje 15). Kao njegov predak David, Asa je činio ono što je bilo ispravno u očima Boga i uklonio je iz celog kraljevstva sve idole. Kada je njegova majka, Maha, stvorila sliku Ašera, on je otišao tako daleko da je uklonio sa položaja majke kraljice. Onda je isekao sliku i zapalio je u potoku Kidron.

Vi možete pomisliti da je Asa otišao predaleko uklanjajući majku sa položaja majke kraljice samo zato što je ona obožavala idola i možda ćete pomisliti da Asa nije bio dobar sin. Ipak, Asa je reagovao na ovaj način jer je zamolio majku mnogo puta da prestane sa obožavanjem idola. Ipak, ona ga nije poslušala. Ako pogledamo ovu situaciju duhovnim očima, razamtrajući položaj kraljice Mahe, njeno idiopoklonstvo bilo je kao da cela nacija bogosluži idolu. Ovo bi konačno moglo da izazove Božji gnev na ceo narod. Zato je Bog zapovedio Asi da odstrani telesne strasti prema svojoj majci. On ga je priznao za pravednika da bi sprečio mnogo ljudi da zgreši protiv Boga.

Da li to sada znači da se Asa odrekao svoje majke. On je jednostavno odstranio sa položaja majke kraljice. Kao njen sin, on je nastavio da je voli, poštuje i da joj služi. Na isti način, ako neko ima roditelje koji bogosluže lažnim bogovima ili idolima, taj treba da učini sve što je u njegovoj moći da dotakne njihova srca čineći sve ono što sin može da učini. S vremena na vreme, pitajući Boga za mudrost, on treba da širi jevanđelje kod njih i da ih ohrabri da se otarase idola. Onda će Bog biti zadovoljan.

Patrijarsi koji su bili pravedni pred Bogom

Bog zapoveda potpuno povinovanje. On takođe pokazuje Njegovu moć onima koji delaju u potpunoj povinovanosti. Vrsta povinovanja koju Bog priznaje je povinovanje kada to izgleda nemoguće. U 2. Knjizi Kraljevima, poglavlje 5, mi imamo zapis zapovednika vojske kralja Arama, Nemana.

General Neman je otišao u susedno kraljevstvo da poseti proroka Jeliseja u nadi da će se izlečiti od lepre. On je poneo mnogo darova, čak i pismo od kralja! Ipak, kada je stigao tamo, Jelisej ga nije ni pozdravio. Umesto toga, Jelisej je poslao glasnika da mu kaže da se okupa u reci Jordan sedam puta. Osećajući se uvređeno, Neman je bio spreman da se okrene i vrati kući. Ali na nagovor sluga, Neman je spustio svoj ponos i povinovao se. Oprao je svoje telo u reci Jordan sedam puta. Mora da je bilo izuzetno teško drugom čoveku do kralja Arama da spusti ponos i da se ovako povinuje, nakon što se prema njemu Jelisej ophodio na ovaj način.

Jelisej je učinio to što je učinio jer je znao da će ga Bog izlečiti nakon što Neman najpre pokaže svoju veru kroz povinovanje.

Bog, koji je zadovoljan našim povinovanjem suprotno od žrtvovanja, našao je radost u Nemanovom činu vere i u potpunosti ga izlečio od lepre. Bog smatra povinovanje za veliku vrlinu i On se mnogo raduje zbog ljudi koji delaju u pravednosti.

Bog se takođe mnogo raduje zbog vere onih ljudi koji ne traže korist za sebe i koji ne prave kompromise sa svetom. U Postanku, poglavlje 23, kada je Avram želeo da pokopa Saru u pećini Makpela, vlasnik je pokušao da Avramu da zemlju besplatno. Ipak, Avram to nije prihvatio. Avram nije imao takvo srce koje traži ličnu korist. Zato je on želeo da plati tačnu cenu za zemlju pre nego je preuzme.

A kada je Sodoma bila poražena u ratu i njegov nećak Lot uhvaćen, Avram ne samo da je spasio svog nećaka, već je spasio i druge koji su bili iz Sodome, a doneo je i njihove lične stvari. Kada je kralj Sodome pokušao da mu vrati dug kao nagradu zahvalnosti za ono što je učinio, Avram je odbio. On nije prihvatio ništa. Zbog toga što je njegovo srce bilo pravedno, on nije bio pohlepan, niti je imao želju da uzme bilo šta što mu ne pripada.

U Danilu, poglavlje 6, mi vidimo da je Danilo u potpunosti znao da će biti ubijen ako se moli Bogu zbog onih koji su se urotili protiv njega. Ali uprkos tome, on je zadržao svoju pravednost pred Bogom ne prestajući da se moli. On nije pravio kompromis ni u jednom trenutku da bi sačuvao svoj život.

Zbog ovog dela, on je bio bačen u lavlju jazbinu. Ali on je bio nepovređen i u potpunosti zaštićen. On je svedočio živom Bogu i slavio Ga.

Iako je bio pogrešno optužen i zatvoren bez razloga, Josif se nije žalio, niti bio ogorčen ni na koga (Postanak, poglavlje 39). On je sačuvao sebe čistim, nije pravio kompromis sa neistinom i sledio je jedino put pravednosti. Tako je u Božje vreme i način bio oslobođen iz zatvora i uzdignut do počasnog položaja prvog ministra Egipta.

Tako mi moramo služiti Bogu i moramo postati pravedni pred Bogom čineći ono što se od nas traži. Mi takođe moramo udovoljiti Bogu čineći stvari koje nam Gospod zapoveda. Kada ovo činimo, Bog će nas uzdići, odgovoriti na želje našeg srca i voditi nas u životu koji prosperira.

Rečnik

Razlika između „Avrama" i „Abrahama"

„Avram"je originalno ime od Abrahama, koji je otac vere (Postanak 11:26).

„Abraham"označava „oca mnogih naroda," ime je koje je Bog dao Avramu da bi napravio savez blagoslova sa njim (Postanak 17:5). Nakon ovog saveza on je postao izvor blagoslova kao otac vere. I bio je prozvan „Božjim prijateljem."

Blagoslovi za potlačene, ugnjetavane i pregažene i blagoslovi od 30, 60 i 100 puta

Mi primamo blagoslove od Boga u skladu sa merom u kojoj Mu verujemo i u skladu sa njegovom Rečju koju sprovodimo u dela u našim životima. Iako mi možda još uvek nismo odbacili sve grešne prirode iz naših srca, kada mi sejemo i tražimo sa verom, mi primamo blagoslove koji su za potlačene, ugnjetavane i pregažene što je duplo više od onoga što smo posejali (Jevanđelje po Luki 6:38). Ali ako mi postanemo osvećeni i uđemo u duh boreći se protiv grehova do tačke prolivanja krvi da bi ih u potpunosti odbacili, onda mi žanjemo blagoslove koji su 30 puta veći. Ako idemo dalje u potpunom duhu, mi možemo požnjeti blagoslove koji su 60 ili čak 100 puta veći.

Poglavlje 10

Blagoslov

„I reče GOSPOD Avramu: „Idi iz zemlje svoje i od roda svog i iz doma oca svog u zemlju koju ću ti ja pokazati; I učiniću od tebe velik narod, i blagosloviću te, i ime tvoje proslaviću, i ti ćeš biti blagoslov; Blagosloviću one koji tebe uzblagosiljaju, i prokleću one koji tebe usproklinju; i u tebi će biti blagoslovena sva plemena na zemlji." Tada pođe Avram, kao što mu kaza GOSPOD, i s njim pođe Lot. A beše Avramu sedamdeset i pet godina kad pođe iz Harana."
(Postanak 12:1-4)

Bog želi da blagoslovi ljude. Ali ima slučajeva kada Bog izabere nekog za blagoslov, a ima i slučajeva kada neko sam izabere da uđe u okvir granica Božjeg blagoslova. Neki ljudi izaberu da uđu u Božje blagoslove, a onda ih napuste. A onda ima i onih koji nemaju nikakve veze sa blagoslovima. Pogledajmo najpre slučajeve kada Bog izabere nekoga za blagoslov.

Avram, otac vere

Bog je prvi i poslednji, početak i kraj. On je dizajnirao tok istorije čovečanstva i On takođe nastavlja da je vodi. Recimo na primer da gradimo kuću. Mi smo osmislili dizajn procenjujući koliko dugo će trajati gradnja, koje materijale ćemo koristiti, koliko čelika i betona nam je potrebno, koliko stubova nam treba. Tako, ako mi pogledamo istoriju čovečanstva kao Božju kuću, tu postoji nekoliko ključnih ljudi koji su kao „stubovi" Božje kuće.

Da bi ispunili Njegovo proviđenje, Bog odabira određene ljude da kažu drugima da je Bog zaista živ i da Nebesa i Pakao zapravo postoje. Zbog toga Bog bira ove ljude da budu kao stubovi. A mi možemo primetiti da se oni prilično razlikuju od običnih ljudi u smislu izgradnje njihovih srca i strasti prema Bogu. Jedan od ovih ljudi je Avram.

On je živeo pre otprilike četiri hiljade godina. Bio je rođen u Uru Halkidona. Ur je drevni sumerijski grad koji se nalazio nizvodno i na zapadnoj obali reke Eufrat u kolevci mesopotamijske civilizacije.

Avram je bio vrlo voljen i priznat od Boga da je bio prozvan „Božjim prijateljem." On je uživao u svakojakim blagoslovima od Boga uključujući potomstvo, bogatstvo, zdravlje i dug život. Ne samo to, ali kao što je Bog rekao u Postanku 18:17: „Kako bih tajio od Avrama šta ću učiniti?" Jasno je da je Bog otkrio Avramu čak i događaje koji će se destit u budućnosti.

Bog smatra veru za pravednom i daje Njegov blagoslov

Šta mislite da je Bog video u Avramu što Ga je toliko umilostivilo da je On prosipao tako mnogo blagoslova na njega? Postanak 15:6 kaže: „I poverova Avram GOSPODU, a On mu primi to u pravdu." Bog je smatrao Avramovu veru kao pravednu.

Bog mu je rekao: „Idi iz zemlje svoje i od roda svog i iz doma oca svog u zemlju koju ću ti ja pokazati; i učiniću od tebe velik narod, i blagosloviću te, i ime tvoje proslaviću, i ti ćeš biti blagoslov" (Postanak 12:1-2). Bog mu nije rekao kuda tačno da ide, niti mu je objasnio kakvu vrstu zemlje da očekuje. Bog mu nije dao detaljan plan kako da živi svoj život nakon napuštanja svog rodnog grada. Jednostavno mu je rekao da ode.

Šta da je Avram imao telesne misli? Očigledno je da će on, kada jednom napusti kuću svoga oca, postati lutalica. Verovatno bi mu se rugali. Da je on razmatrao ove stvari, on možda ne bi mogao da se povinuje. Ipak, Avram nikada nije sumnjao u Božje obećanje blagoslova. On je samo verovao u Njega. Zbog toga se on bezuslovno povinovao i otišao. Bog je znao kakvu vrstu posude Avram ima i zato je Bog obećao da će se veliki narod oformiti kroz njega. Bog je takođe obećao da će on postati blagoslov.

Bog je takođe obećao Avramu u Postanku 12:3: „Blagosloviću one koji tebe uzblagosiljaju, i prokleću one koji tebe usproklinju. I u tebi će biti blagoslovena sva plemena na zemlji." Nakon toga, kada je Bog video kako se Avram odrekao svog prava i žrtvovao za svog sestrića Lota, Bog mu je dao još jednu reč blagoslova. Postanak 13.14-16 kaže: „Podigni sada oči svoje, pa pogledaj s mesta gde si na sever i na jug i na istok i na zapad; jer svu zemlju što vidiš tebi ću dati i semenu tvom do veka." I učiniću da semena tvog bude kao praha na zemlji." Bog mu je takođe obećao u Postanku 15:4-5: „„...nego koji će izaći od tebe taj će ti biti naslednik." Pa ga izvede napolje i reče mu: „Pogledaj na nebo i prebroj zvezde, ako ih možeš prebrojati." I reče mu: „Tako će ti biti seme tvoje."

Nakon što je Avramu dao ove snove i vizije, On je vodio Avrama kroz iskušenja. Zbog čega nam trebaju iskušenja? Recimo da trener izabere atletu sa ogromnim potencijalom— dovoljnim da predstavlja zemlju na Olimpijskim igrama. Ali taj atleta ne može automatski da postane osvajač zlatne medalje. Atleta mora da istraje i očuva se kroz mnogobrojne treninge i da uloži maksimalne napore da bi ostvario svoj san.

Isto je važilo i za Avrama. On je morao da dobije kvalitete i karakteristike koji su mu bili potrebni da bi ispunio Božje obećanje prolazeći kroz iskušenja. Tako, idući kroz ova iskušenja, Avram je odgovarao samo sa „Amin" i nije pravio kompromis sa svojim sopstvenim mislima. Takođe, on nije tražio sopstvenu korist, niti se odao sebičnosti ili mržnji, ozlojeđenosti, žalbi, tugi, ljubomori ili zavisti. On je jednostavno verovao u Božje obećanje blagoslova i povinovao se sa istrajnošću.

Onda mu je Bog dao još jedno obećanje. U Postanku 17:4-5,

Bog je rekao Avramu: „Od Mene evo zavet Moj s tobom da ćeš biti otac mnogim narodima. Zato se više nećeš zvati Avram nego će ti ime biti Avraam, jer sam te učinio ocem mnogih naroda. Daću ti porodicu vrlo veliku, i načiniću od tebe narode mnoge, i carevi će izaći od tebe."

Bog pravi kvalitetne posude kroz iskušenja

Neki ljudi se mole Bogu sa snovima koji proizilaze iz njihove pohlepe. Iz pohlepe, oni mogu tražiti od Boga dobar posao ili bogatstvo koje im ne paše. Ako se mi ovako molimo iz sebičnosti, mi ne možemo primiti odgovor od Boga (Jevanđelje po Jakovu 4:3).

Zbog toga se mi moramo moliti za snove i vizije koji dolaze od Boga. Kada mi imamo veru u Božju Reč i povinujemo se, Sveti Duh uzima naša srca i vodi nas, tako mi možemo ispuniti naše snove. Mi čak možemo zaviriti i u jednu sekundu budućnosti. Ali ako mi pratimo vođstvo Svetog Duha koji zna sve što dolazi u budućnosti, onda mi možemo iskusiti Božju moć. Kada mi porušimo naše telesne misli i predamo se Hristu, Sveti Duh preuzima i vodi nas.

Ako nam Bog da san, mi ga moramo čuvati na sigurnom u našim srcima. Samo zato što se san nije ostvario posle jednog dana, meseca ili godine molitve, mi ne treba da se žalimo. Bog, koji nam daje snove i vizije, ponekad nas vodi kroz iskušenja da bi nas učinio posudama koje su vredne ispunjenja tih snova i vizija.

Kada mi postanemo ljudi koji znaju kako da se povinuju Bogu kroz ova iskušenja, tada se odgovara na naše molitve. Ali zbog toga što su Božje misli različite od ljudskih, mi moramo shvatiti da dok ne slomimo naše telesne misli i povinujemo se sa verom, ova iskušenja će se nastaviti. Zbog toga, mi moramo zapamtiti da su nam iskušenja data da bismo mogli da primimo odgovore od Boga, te umesto da ih izbegnemo mi treba da ih primimo sa zahvalnošću.

Bog priprema izlaz, čak i za vreme iskušenja

Ako se mi povinujemo, Bog čini da sve stvari sarađuju u cilju dobra. On će nam uvek dati put izlaska iz iskušenja. U Postanku, poglavlje 12, videćete da nakon što je ušao u zemlju Hanansku, u kojoj je vladala velika glad, Avram je otišao niže u Egipat.

Zbog toga što je njegova žena Sara bila tako lepa, Avram se plašio da bi neko u Egiptu mogao žudeti za njom i ubiti njega da bi dobio nju. U to vreme, ovo je bilo prilično moguće, te je Avram predstavio kao sestru. Tehnički, Sara je bila njegova polusestra, te to nije bila laž. Ali u to vreme, Avramova vera nije bila dovoljno kultivisana da bi on za sve konsultovao Boga. Tako je ovo bio slučaj kada je on produbio njegove telesne misli.

Sara je bila toliko lepa da je faraon Egipta doveo u svoju palatu. Avram je mislio da je, govoriti ljudima da je njegova žena njegova sestra, bio najbolji način u datoj situaciji, ali to je dovelo do toga da je izgubio ženu. Kroz ovaj događaj, Avram je naučio veliku lekciju i od tog trenutka pa nadalje, on je naučio da sve poveri Bogu.

Kao rezultat, Bog je doneo veliku kugu na faraona i njegovo domaćinstvo zbog Sare, te je faraon odmah vratio Saru Avramu. Zbog toga što je Avram zavisio od svojih telesnih misli, on je prošao kroz privremene teškoće, ali je na kraju on bio nepovređen i on je imao veliku materijalnu korist uključujući ovce, stoku, sluge i magarce. Kao što je zapisano u Poslanici Rimljanima 8:28: „A znamo da onima koji ljube Boga sve ide na dobro, koji su pozvani po namerenju," za ljude koji su Njemu pokorni, Bog priprema izlaz iz iskušenja i ostaje sa njima kroz iskušenja. Oni trenutno mogu biti u teškoćama, ali će one na kraju proći sa verom i primiće blagoslove.

Recimo da neko živi iz dana u dan od svoje dnevne plate. Ako on poštuje Gospodnji Dan, njegova porodica će morati da gladuje tog dana. U toj situaciji, osoba sa verom će se povinovati Božjoj zapovesti i poštovaće Božji Dan, čak i ako to znači gladovati. Da li će onda ta osoba i njegova porodica gladovati? Naravno da ne! Kao što je Bog poslao manu da bi nahranio Izraelce, Bog će sa ljubavlju nahraniti i obući i one koji se povinuju.

Zbog toga je u Jevanđelju po Mateju 6:25 Isus rekao: „Ne brinite se za život svoj, šta ćete jesti, ili šta ćete piti; ni za telo svoje, u šta ćete se obući." Ptice na nebu ne seju i ne žanju, niti čuvaju hranu. Ljiljani u polju ne trude se niti predu. Ali ih Bog hrani i oblači. Zar ne bi onda Bog vodio računa o Njegovoj deci koja se Njemu povinuju i traže Njegovu volju da se ne bi suočili sa teškoćama?

Bog daje blahgoslove čak i za vreme iskušenja

Kada mi pogledamo one ljude koji su delali u skladu sa Božjom Rečju i držali se na putu pravednosti, mi možemo videti da i usred iskušenja, Bog čini da sve stvari rade za dobrobit na kraju. Iako se trenutne okolnosti pred njihovim očima čine teškim i zabrinjavajućim, okolnosti na kraju postanu blagoslov.

Kada je južno kraljevstvo Judeja bilo uništeno, Danilova tri prijatelja su uhvaćena u zarobljeništvo u Vavilonu. Iako su im pretili da će ih baciti u peć, oni se nisu poklonili idolima i oni ni jednog trenutka nisu napravili kompromis sa svetom. Zbog toga što su verovali u Božju moć, oni su verovali da iako ih bace u peć, Bog će moći da ih spasi. A i kada ne bi bili spašeni, oni su bili rešeni da se drže njihove vere i da se ne klanjaju idolima. Takvu vrstu vere su oni pokazali. Njima je Božji Zakon bio važniji od zakona njihove zemlje.

Čuvši za neposlušnost ovih mladih muškaraca, kralj se mnogo naljutio i podigao je temperaturu peći sedam puta više od prvobitne temperature. Danilova tri prijatelja su bili vezani i bačeni u peć. Ali zbog toga što ih je Bog štitio, ni dlaka sa glave im nije bila oprljena, niti je na njima bio ikakav miris vatre (Danilo 3:13-27).

Danilo je bio isti takav. Iako je postojao dekret koji je

objavljivao da svako ko se moli nekom drugom čoveku ili nekom drugom bogu osim kralja, biće bačen u lavlju jazbinu, Danilo se povinovao jedino Božjoj volji. On nije počinio greh prestanka molitve i prateći svoju svakodnevnu rutinu, on je nastavio da se moli okrećući se ka Jerusalimu tri puta dnevno. Konačno, Danilo je bio bačen u lavlju jazbinu, ali Bog je posalo anđele i zatvorio usta lavova, te je Danilo bio potpuno nepovređen.

Koliko je lepo videti da neko ne pravi kompromis sa svetom da bi održao svoju veru! Pravedni žive samo od vere. Kada udovoljite Bogu verom, On će odgovoriti blagoslovima. Čak i ako ste gurnuti skoro do ivice života, ako se povinujete i pokažete vašu veru do gorkog kraja, Bog će vam naći izlaz i On će uvek biti sa vama.

Avram je takođe bio blagosloven usred iskušenja. Ne samo to, čak i ljudi koji su bili sa njim su bili blagosloveni zbog njega. Danas, voda je vrlo dragocena u krajevima Bliskog Istoka gde se nalazi Izrael. Bila je vrlo dragocena i u Avramovo vreme. Ali gde god da je Avram išao, vode ne samo da je bilo u izobilju, već zbog toga što je on bio tako blagosloven, njegov sestrić Lot je takođe bio blagosloven, te je imao mnogo stada i goveda, kao i srebra i zlata.

Tada u to vreme, imati mnogo stoke je značilo imati hrane u izobilju i veliko bogatstvo. Kada je njegov sestrić Lot uhvaćen za zarobljenika, Avram je uzeo njegovih 318 obučenih slugu da bi ga spasio. Ovo samo po sebi nam govori koliko je on bio imućan.

Zbog Avrama, koji se revnosno povinovao Božjoj Reči, zemlja i oblast u kojoj je on prebivao su bile blagoslovene, a ljudi koji su bili sa njim su takođe bili blagosloveni.

Ni kraljevi drugih, susednih kraljevina, nisu ništa mogli da učine Avramu jer je on bio visoko poštovan. Avram je primio sve blagoslove koje neko može primiti u toku života: slavu i sreću, moć, zdravlje i decu. Kao što je zapisano u Knjizi Ponovljenog Zakona, poglavlje 28, Avram je bio ona vrsta osobe koja je primila blagoslove kada je došao i otišao. Takođe, kao istinsko Božje dete, on je postao koren blagoslova i otac vere. Štaviše, on je uspeo da razume dubinu Božjeg srca, te je Bog čak mogao da podeli Njegovo srce sa Avramom i da ga nazove Njegovim „prijateljem." Kakva slava i blagoslovi!

Avramove osobine posude

Razlog zbog kog je Avram bio tako blagosloven je bio zato što je on imao dobre „osobine posude." On je bio čovek koji je imao onakvu vrstu ljubavi koja je opisana u 1. Poslanici Korinćanima, poglavlje 13 i on je ubirao devet plodova Svetog Duha kao što je opisano u Poslanici Galaćanima, poglavlje 5.

Na primer, Avram je delao sa dobrotom i ljubavlju u svim stvarima. On nikada nije mrzeo, niti je sklapao neprijateljstva sa drugim ljudima. Nikada nije isticao tuđe slabosti i služio je svim ljudima. Zbog toga što je imao plod radosti, bez obzira na to koja su iskušenja dolazila na njegov put, on nikada nije bio tužan niti ljut. Zbog toga što je u potpunosti verovao Bogu, on je mogao uvek da se raduje. Kakva god bila situacija, on nikada nije reagovao emotivno niti je donosio pristrasne odluke. On je bio strpljiv i uvek je slušao Božji glas.

Avram je takođe bio milostiva osoba. Kada je morao da se rastane sa svojim sestrićem Lotom, iako je bio stariji od Lota, on je Lotu davao pravo prvog izbora zemlje koju je želeo. On je rekao: „Ako ti ideš levo, ja ću ići desno. Ako ti ideš desno, ja ću ići levo" i on je dozovoljavao Lotu da izabere bolju zemlju. Mnogi ljudi misle da bi osoba na višem položaju ili višeg ranga, treba da ima bolji izbor. Ipak, Avram je bio čovek koji je mogao da se prepusti drugima i koji je služio i žrtvovao sebe zbog drugih.

Takođe, pošto je Avram kultivisao srce duhovne dobrote, kada je Lot trebalo da se suoči sa uništenjem, zajedno sa zemljom Sodoma, on se zauzeo u njihovo ime (Postanak 18:22-32). Kao rezultat, on je primio obećanje od Boga da On neće uništiti grad ako se u njemu nađe bar deset pravednih ljudi. Ipak, Sodoma i Gomora nisu imale deset pravednih ljudi i bili su uništeni. Ali čak i tada, Bog je spasio Lota zbog Avrama.

Kao što je zapisano u Postanku 19:29: „Ali kad Bog zatiraše gradove u onoj ravni, opomenu se Bog Avrama, i izvede Lota iz propasti kad zatre gradove gde življaše Lot," Bog je spasio Avramovog voljenog sestrića Lota, da Avram ne bi imao tugu u srcu.

Avram je bio veran Bogu do tačke da je žrtvovao svog jedinog sina Isaka, koga je dobio u sto prvoj godini života. Bilo da je to bilo podučavanje svog sina, ili u odnosima sa svojim slugama i komšijama, on je bio tako savršen i veran Božjem domaćinstvu, da se moglo smatrati da je bio bez mane. On se nikada nije brzopleto suočavao ni sa kim; on je uvek bio miroljubiv i blag. On je služio i pomagao drugima sa tako divnim srcem. I on je imao savršenu samokontrolu, da je sa svim što je činio, on se nikada nije neprikladno ponašao, niti prešao ikakve granice.

Na ovaj način, Avram je ubirao svih devet plodova Svetog Duha i nijedan plod mu nije nedostajao. On je takođe imao dobro srce. Uostalom, on je bio tako dobra posuda. Ipak, postati blagosloven čovek kao što je Avram, uopšte nije teško. Mi samo treba da ga oponašamo. Pošto je Svemoćni Bog Stvoritelj naš Otac, zašto On ne bi odgovorio na molitve i zahteve Njegove dece?

Ovaj proces postajanja kao Avram uopšte ne bi trebalo da bude težak. Jedini težak deo su ako su nam naše sopstvene misli pred nama. Ako mi u potpunosti verujemo i zavisimo od Boga i povinujemo Mu se, onda će Avramov Bog voditi računa o nama i voditi nas putem blagoslova!

Rečnik i objašnjenje pojmova

Povinovanje i blagoslovi Noje, pravednog čoveka

„Ovo su događaji Nojevi. Noje beše čovek pravedan i bezazlen svog veka; po volji Božjoj svagda življaše Noje. I rodi Noje tri sina: Sima, Hama i Jafeta" (Postanak 6:9-10).

Prvi čovek Adam, proveo je dugo, dugo vremena u Edemskom Vrtu. Ali pošto je zgrešio bio je proteran iz Rajskog Vrta i kasnije je došao da živi na zemlji. Otprilike 1000 godina kasnije, rodio se Noje kao Setov potomak, Set je bio čovek koji je duboko poštovao Boga. Noje koji je bio i potomak Enoha, učio je iz podučavanja svog oca Lameha i dede Metusala i izrastao u čoveka istine u središtu grešnog sveta. Pošto je želeo da Bogu da sve što je imao, on je zadržao čistotu svog srca i nije se oženio dok nije otkrio da je Bog imao poseban plan za njegov život. Tako se u petstotoj godini Noje oženio i osnovao porodicu (Postanak 5:32).

Noje je znao o presudi o potopu i da će ljudska kultivacija započeti ispočetka kroz njega. Zbog toga je posvetio svoj život povinovanju Božjoj volji. Zato je Bog odabrao Noja koji je bio pravedan čovek i koji će se celim svojim srcem povinovati Bogu u izgradnji arke bez odavanja sopstvenim mislima, razlozima ili izgovorima.

Duhovno značenje Nojeve arke

„Načini sebi kovčeg od drveta gofera, i načini pregratke u kovčegu; i zatopi ga smolom iznutra i spolja. I načini ga ovako; u dužinu neka bude trista lakata, u širinu pedeset lakata, i u visinu trideset lakata. Pusti dosta svetlosti u kovčeg; i krov mu svedi ozgo od lakta; i udari vrata kovčegu sa strane; i načini ga na tri boja: donji, drugi i treći" (Postanak 6:14-16).

Nojeva arka je bila masivna struktura: 138 metara dugačka, 23 metra široka i 14 metara visoka, a bila je izgrađena pre otprilike 4500 godina. Kao rezultat uticaja ljudi iz Rajskog Vrta, Nojevo znanje i veština su bili izvanredni, ali pošto je izgradio arku u skladu sa dizajnom koji mu je Bog dao, Nojeva porodica od osam članova i sve različite vrste životinja su mogle da prežive tokom 40 dana Potopa, ostavši na arki više od godinu dana.

Arka je duhovna simbolika Božje Reči, a ulazak u arku simbolizuje spasenje. A tri palube na arci označavaju činjenicu da će Sveto Trojstvo—Otac, Sin i Sveti Duh—završiti istoriju ljudske kultivacije.

Planina Ararat, gde je arka pristala

Osuda o potopu, koja se dogodila u središtu Božje pravednosti

„I reče GOSPOD Noju: „Uđi u kovčeg ti i sav dom tvoj; jer te nađoh pravedna pred sobom ovog veka." (Postanak 7:1).

„Jer ću do sedam dana pustiti dažd na zemlju za četrdeset dana i četrdeset noći, i istrebiću sa zemlje svako telo živo, koje Sam stvorio." I Noje učini sve što mu zapovedi GOSPOD" (Postanak 7:4-5).

Bog je dao mnogo prilika ljudima da se pokaju pre poplave. Tokom svih godina koje su bile potrebne da se arka završi, Bog i Noje su proglašavali ljudima poruku o pokajanju, ali jedini koji su verovali i povinovali se Noju, bila je njegova porodica. Ulazak u arku označava ostaviti za sobom sve stvari na svetu u kojima ste uživali i odbaciti ih.

Iako su ljudi otišli predaleko da bi mogli da se preokrenu, Bog im je dao upozorenje od sedam dana da se pokaju i da izbegnu presudu. On nije želeo da se oni suoče sa presudom. Sa srcemu punim ljubavi i milosti, Bog im je dao šansu do gorkog kraja. Ipak, nijedna osoba se nije pokajala niti ušla u arku. U suštini, oni su još više grešili! Konačno, oni su pali u osudu o Potopu.

O osudi

„... a za sud što je knez ovog sveta osuđen."
(Jevanđelje po Jovanu 16:11).

„GOSPOD sudi narodima, sudi mi, GOSPODE, po pravdi mojoj, i po bezazlenosti mojoj neka mi bude." (Psalmi 7:8)

„A ti govoriš: „Nisam kriv, gnev se Njegov odvratio od mene." Evo ja ću se preti s tobom što govoriš: „Nisam zgrešio."" (Jeremija 2:35)

„A ja vam kažem da će svaki koji se gnevi na brata svog nizašta, biti kriv sudu; a ako li ko reče bratu svom: „Raka," Biće kriv skupštini; a ko reče: „Budalo," Biće kriv paklu ognjenom." (Jevanđelje po Mateju 5:22).

„... i izići će koji su činili dobro u vaskrsenje života, a koji su činili zlo u vaskrsenje suda." (Jevanđelje po Jovanu 5:29)

„I kao što je ljudima određeno jednom umreti, a potom sud," (Poslanica Jevrejima 9:27)

„Jer će onome biti sud bez milosti koji ne čini milosti; i hvali se milost na sudu." (Jakovljeva Poslanica 2:13).

„I videh mrtvace male i velike gde stoje pred Bogom, i knjige se otvoriše; i druga se knjiga otvori, koja je knjiga života; i sud primiše mrtvaci kao što je napisano u knjigama, po delima svojim." (Otkrivenje Jovanovo 20:21)

Poglavlje 11

Greh u nepovinovanju Bogu

"Pa onda reče Adamu: "Što si poslušao ženu i okusio s drveta s kog sam ti zabranio rekavši: "Da ne jedeš s njega, zemlja da je prokleta s tebe, s mukom ćeš se od nje hraniti do svog veka. Trnje i korov će ti rađati, a ti ćeš jesti zelje poljsko; sa znojem lica svog ješćeš hleb, dokle se ne vratiš u zemlju od koje si uzet; jer si prah, i u prah ćeš se vratiti.""
(Postanak 3:17:19)

Mnogi ljudi kažu da je život sam po sebi tegoba. U Bibliji se naglašava kako je bolno roditi se i živeti u ovom svetu. U Jovu 5:7, Elifas je rekao Jovu koji je bio uzbuđen: "Nego se čovek rađa na nevolju, kao što iskre iz ugljevlja uzleću u vis." Osoba koja ima malo muka u životu, i osoba sa mnogo muka sa drugim životnim problemom. I nakon što se čovek teško izmuči kako bi postigao neki cilj, i izgleda mu kao da je taj cilj donekle ispunjen, približio se suton života. Kada kucne čas, u tom trenutku će čak i najzdravija osoba doživeti smrt.

Niko ne može da izbegne smrt, pa ako se tako gleda, život je kao prolazna magla, ili kao visoki oblak. Iz kog razloga onda ljudi ulaze u najrazličitija iskušenja u ovom „ringišpilu" života? Prvobitni razlog je greh nepoštovanja Boga. Kroz Adama, Saula i Kaina, detaljno se vide posledice greha nepoštovanja Boga.

Adam, čovek koji je stvoren po Božjem liku

Tvorac je stvorio prvog čoveka, Adama, po Svom liku, i zatim mu preko nozdrva udahnuo dah života, nakon čega je on postao živo biće, odnosno živi duh (Postanak 2:7). Bog je zasadio vrt prema istoku u Edemu i tu postavio čoveka. Onda je On rekao: „Jedi slobodno sa svakog drveta u vrtu; ali s drveta od znanja dobra i zla, s njega ne jedi; jer u koji dan okusiš s njega, umrećeš" (Postanak 2:16-17).

Pošto je uvideo da za Adama nije dobro da bude sam, Bog je uzeo jedno Adamovo rebro i stvorio Evu. Bog ih je blagoslovio i rekao im da budu plodni i da se množe. On mu je takođe dozvolio da vlada ribama u moru, pticama na nebu, i svim živim bićima koja se kreću po zemlji (Postanak 1:28). Nakon što su primili veliki blagoslov od Boga, Adam i Eva su imali dosta da jedu, imali su mnogobrojno potomstvo, i vodili prosperitetan život.

Na početku, kao i kod novorođenčeta, Adam nije imao nikakvo sećanje. Bio je potpuno prazan. Međutim, Bog je išao sa Adamom i naučio ga mnogim stvarima, kako bi mogao da živi kao gospodar svih živih bića. Bog je Adama naučio o Sebi, univerzumu i duhovnim zakonima. Bog je takođe naučio Adama kako da živi kao duhovni čovek. Preneo mu je znanje o dobru i zlu. Mnogo godina je Adam poštovao Božje reči i živeo dugo, dugo vremena u Edemskom Vrtu.

Adam je jeo zabranjeno voće

Dogodilo se to da su jednog dana neprijateljski đavo i Satana, gospodar vazduha, podstakli zmiju otrovnicu, koja je najlukavija od svih životinja, i preko nje iskušali Evu. Zmija je, podstaknuta od Satane, znala da je Bog rekao čoveku da ne jede sa drveta usred Edemskog Vrta. Ali da bi uhvatila Evu, zmija otrovnica je pitala: „Je li istina da je Bog kazao da ne jedete sa svakog drveta u vrtu?" (Postanak 3:1).

Kako je Eva odgovorila na ovo pitanje? Ona je rekla: „Mi jedemo rod sa svakog drveta u vrtu; samo rod s onog drveta usred vrta, kazao je Bog: „Ne jedite i ne dirajte u nj, da ne umrete"" (Postanak 3:2-3 NKJV). Bog je izričito rekao: „Jer u koji dan okusiš s njega, zasigurno umrećeš" (Postanak 2.17). Zašto je Eva promenila Božje reči „da ne bi umro?" „Da ne bi" znači „iz straha da." Ove reči znače da ne postoji apsolutnost. „Imati strah od smrti" i „sigurno umreti" se razlikuju. Ovo dokazuje da ona nije urezala Božje reči u svoje srce. Njen odgovor dokazuje da nije apsolutno verovala u činjenicu da će oni „sigurno umreti."

Okrutna zmija otrovnica nije propustila priliku i odmah je odgovorila: „Nećete vi umreti! Nego zna Bog da će vam se u onaj dan kad okusite s njega otvoriti oči, pa ćete postati kao bogovi i znati šta je dobro šta li zlo" (Postanak 3:4-5). Ne samo da je zmija otrovnica lagala, već je i podstakla pohlepu kod Eve! I zbog toga što je usadila pohlepu u Evine misli, drvo znanja o dobrom i lošem, koje Eva nije ni pomišljala da dodirne, ili da mu priđe blizu, je zapravo počelo da izgleda primamljivo i ukusno. Zapravo je izgledalo dovoljno dobro, toliko da učini nekog arogantnim! I na posletku, Eva je pojela zabranjeno voće i takođe ga dala svom mužu.

Rezultat Adamovog nepovinovanja Bogu

I ovako se Adam, praotac čovečanstva, oglušio o Božju zapovest. Zato što Adam i Eva nisu iskreno urezali Božju reč u srce, došli su u iskušenje neprijateljskog đavola i Sotone, i oglušili se o Božju zapovest. I tako, baš kao što je Bog i rekao, Adam i Eva du došli do toga da neizbežno „moraju da umru."

Međutim, čitajući Bibliju, vidimo da nisu odmah umrli. Zapravo su živeli još mnogo godina i imali mnogo dece. Kada je Bog rekao „sigurno ćete umreti," nije mislio samo na prostu fizičku smrt, kao kad neko prestane da diše. Mislio je na fundamentalnu smrt, odnosno umiranje duha. Na početku, čovek je stvoren sa duhom koji može da komunicira sa Bogom, sa dušom koju duh kontroliše, i sa telom, koje služi kao oklop za duh i dušu (1. Solunjanima Poslanica 5:23). I tako, kada je čovek prekršio Božju zapovest, duh, koji upravlja čovekom, je umro.

Iz razloga što je čovekov duh umro zbog greha neposlušnosti prema Bogu, njegova komunikacija sa Bogom je prekinuta, pa tako on više ne može da živi u Edemskom Vrtu. Ovo je iz razloga što grešnik ne može da bude gde je Bog prisutan. Ovde su počele teškoće za čovečanstvo. Bol kod žene prilikom porođaja je značajno povećan, u bolu će rađati; ona će čeznuti za mužem, a on će njom vladati. A čovek je osuđen na svakodnevni težak rad celog života, kako bi dobio plodove zemlje koja je zbog njega prokleta (Postanak 3:16-17). Sve što je Tvorac napravio je prokleto zajedno sa Adamom, i moralo je s njim da pati. Povrh svega, svi Adamovi potomci, iz njegove krvne linije, su rođeni kao grešnici i krenuli su putem smrti.

Razlog zbog kojeg je Bog postavio drvo spoznaje dobra i zla

Neko bi mogao da se zapita: „Da li Svemoćni Bog nije znao da će Adam okušati zabranjeno voće? Ako je On znao, zašto ga je postavio u Edemski Vrt, i dozvolio Adamu da se ogluši o to? Da zabranjeno voće nije postojalo, zar to ne bi sprečilo Adama da zgreši?" Međutim, da Bog nije postavio zabranjeno voće u Vrt, da li bi Adam i Eva iskusili zahvalnost, radost, sreću i ljubav? Svrha postavljanja zabranjenog voća u Edemskom Vrtu nije bila da nas natera da krenemo putem smrti. To je bila Božja volja, kako bi nas naučio relativnosti.

Zato što je sve u Edemskom Vrtu istinito, ljudi unutar njega ne mogu da razumeju šta je neistina. Iz razloga što zlo tu ne postoji, ljudi zapravo ne znaju šta su mržnja, patnja, bolest i smrt. Tako, relativno govoreći, ljudi tu ne mogu da shvate koliko je zapravo njihov život srećan. Zbog toga što nikad nisu iskusili nesreću, ne znaju šta su istinska sreća i nesreća. Zato je drvo spoznaje dobra i zla bilo neophodno.

Bog je želeo da ima pravu decu, koja će razumeti šta su prava ljubav i sreća.

Da je prvi čovek Adam znao šta je istinska sreća dok je bio u Edemskom Vrtu, kako bi se onda oglušio o Boga? Zbog ovoga je Bog postavio drvo znanja u Vrt, i neguje čoveka ovde na zemlji kako bi on mogao da nauči relativnost stvari. Kroz ovaj proces negovanja, čovek iskušava i uspeh i neuspeh, dobro i loše, sve kroz relativnost. Samo kada čovek nauči istinu iz ovoga, stvarno će razumeti i zavoleti Boga celim svojim srcem.

Način kako se osloboditi od kletve koju je uzrokovao greh

Dok je Adam živeo u Edemskom Vrtu, slušao je Boga i učio o dobroti od Njega. Ali nakon što je zgrešio, njegovi potomci su postali robovi neprijatelja đavola, i kako su generacije prolazile, sve više i više su bili iskvareni zlom. Kako je vreme prolazilo, postajali su sve više zli. Ne samo da su se rađali sa grehom koji su nasledili od roditelja, već su u svojim mislima prihvatali sve veći greh, kako su rasli i učili kroz ono što vide i čuju. Bog je znao da će Adam probati zabranjeno voće. Znao je da će njegov celi svet postati ispunjen grehom. Takođe je znao da će čovek krenuti putem smrti. Zato je On na vreme pripremio Spasitelja, Isusa Hrista. Kada je došlo pravo vreme, poslao je Isusa na svet.

Kako bi ljude naučio Božjoj volji, Isus je širio jevanđelje o nebeskom kraljevstvu, pokazivao znake i izvodio čuda. Zatim je razapet na krst i prolio je Svoju svetu krv kako bi platio cenu greha čovečanstva. Zato, svako ko prihvati Isusa Hrista, dobiće Svetog Duha na dar. Put do spasenja je bio otvoren za one koji su odbacili neistinu i živeli u istini, prateći vođstvo Svetog Duha. Ako ljudi povrate sliku Boga koju su nekad izgubili i ako duboko poštuju Boga i drže se Njegovih načela, što je sva dužnost čovekova (Knjiga Propovednika 12:13), onda mogu da uživaju u svim blagoslovima koje im je Bog pripremio. Oni mogu da uživaju ne samo u bogatstvu i zdravlju, već i u večnom životu i večnim blagoslovima.

Kao što je već objašnjeno, kada ugledamo Svetlost, možemo da se oslobodimo zamke prokletstva greha. Kako samo umirujemo srce nakon što se pokajemo i ispovedimo, odbacimo grehe i odlučimo se da živimo po Reči Božjoj! Kada verujemo u Božju Reč i primimo molitvu, videćemo kako možemo da se oslobodimo bolesti, poteškoća, iskušenja i stradanja. Bog usađuje radost u Svoju decu koja prihvate Isusa Hrista i žive u pravdoljublju, i oslobađa ih svih kletvi.

Rezultat Saulovog greha u nepovinovanju prema Bogu

Saul je po zahtevu Izraelaca postao prvi kralj. On je bio iz plemena Venjamin, i u Izraelu nije postojao elegantniji i plemenitiji čovek. U vreme kada je Saul miropomazan kao kralj, bio je vrlo skroman i smatrao je sebe manje vrednim od ostalih. Ali nakon što je postao kralj, Saul je počeo da čini protiv Božje volje. Omalovažio je položaj visokog sveštenika i ponašao se budalasto (1. Samuelova Poslanica 13:8-13), i na kraju počionio greh u nepokoravanju.

U 15. poglavlju Samuelove Poslanice, Bog je rekao Saulu da potpuno uništi Amalićane, ali Saul to nije poslušao. Razlog zašto mu je Bog rekao da uništi Amalićane je zapisan u 17. poglavlju Izlaska. Dok su Izraelci išli u zemlju Hanan nakon odlaska iz

Egipta, Amalićani su zaratili protiv njih.

Zbog ovoga, Bog je obećao da potpuno izbriše sećanje na Amalićane pod suncem (Izlazak 17:14), i zato što se Bog ne odriče svog obećanja, planirao je da ga ispuni stotinama godina kasnije, u Saulovo vreme. Kroz proroka Samuila, Bog je zapovedio: „Zato idi i pobij Amalika, i zatri kao prokleto sve što god ima; ne žali ga, nego pobij i ljude i žene i decu i šta je na sisi i volove i ovce i kamile i magarce" (stih 3).

Međutim, Saul nije poslušao Boga. Kralja Agaga je zarobio, a takođe poveo nazad sa sobom najbolje od ovaca, volova, tovljenika, jagnjadi, i svega dobrog. Hteo je da pokaže ljudima sve što je osvojio, kako bi ga oni veličali. Saul je uradio onako kako je on mislio da treba, ne slušajući Boga. Prorok Samuel mu je to objasnio na način koji Saul razume, ali se Saul svejedno nije pokajao, već je izmišljao izgovore (1. Samuelova Poslanica 15:17-21). Saul je rekao kako je poveo sa sobom odabrane ovce i stoku kako bi narod mogao da prinese žrtve Bogu.

Šta mislite da je Bog odgovorio na ovaj greh neposlušnosti? 1. Samuelova Poslanica 15:22-23 kaže: „Gle, poslušnost je bolja od žrtve i pokornost od pretiline ovnujske. Jer je neposlušnost kao greh od čaranja, i nepokornost kao sujeverstvo i idolopoklonstvo." Greh neposlušnosti je sličan grehu gatanja i idolopoklonstva. Gatanje je vradžbina, što je po Bogu ozbiljan greh, a idolopoklonstvo je greh koji Bog smatra užasnim.

Na kraju, Samuel je izgrdio Saula: „Odbacio si reč GOSPODNJU, zato je i On tebe odbacio da ne budeš više car" (1. Samuelova Posalnica 15.23). Ali Saul se i dalje nije iskreno pokajao. Umesto toga, kako bi održao dobru sliku o sebi, tražio je od Samuela da mu oda počast ispred svojih ljudi (1. Samuelova Poslanica 15:30). Šta je strašnije i tužnije nego biti odbačen od Boga? Ali, ovo se ne odnosi samo na Saula. Odnosi se i na nas, u današnje vreme. Ako ne poslušamo Reč Božju, onda ne možemo da izbegnemo posledice tog greha. Ovo se takođe odnosi na naše nacije i porodice.

Na primer, ako sluga ne posluša kralja i ponaša se po sopstvenoj volji, mora da plati kaznu za svoj greh. U porodici, ako dete ne posluša roditelje i ponaša se pogrešno, koliko će tužni biti njegovi roditelji? Zato što neposlušnost uzrokuje takve nemire, uzrokovaće nakon toga i bol i patnju. Kao rezultat Saulove neposlušnosti prema Bogu, ne samo da je on izgubio čast i moć; već su ga mučili zli duhovi, i napokon, umro je na bojnom polju i dočekao bedan kraj.

Rezultat Kainovog greha u nepovinovanju prema Bogu

U 4. poglavlju Postanka, vidimo dva Adamova sina, Kaina i Avelja. Kain je bio farmer, a Avelj stočar. Kasnije, Kain je prineo žrtvu Bogu onim što je uzgajao na zemlji, a Avelj je prineo žrtvu Bogu prvim plodovima svog stada, i njihovim masnim delovima. Bogu se svidela žrtva koju je prineo Avelj, ali ne i ona koju je prineo Kain.

Kada je Adam proteran iz Edemskog Vrta, Bog mu je rekao da mora da prinese žrtvu krvlju životinje, kako bi mu bilo oprošteno (Poslanica Jevrejima 9:22). Adam je posebno učio svoje sinove postupku krvne žrtve, i Kain i Avelj su vrlo dobro znali kakvu je žrtvu Bog tražio. Avelj je imao dobro srce, pa je poslušao i uradio tačno kako je naučen, a prineo žrtvu kakvu je Bog tražio. Ali Kain je, sa druge strane, prineo žrtvu kakvu je on mislio da treba, po sopstvenim ubeđenjima. Zato je Bog prihvatio Aveljovu žrtvu, ali ne i Kainovu.

Isto se može primeniti i na nas, u današnje vreme. Bog je zadovoljan kada ga obožavamo celim srcem, mislima, i ponajviše, duhom i istinom. Međutim, ako Ga obožavamo po sopstvenom nahođenju, i ako smo Hrišćani samo zarad sopstvene koristi, onda nemamo nikave veze sa Bogom.

U Postanku 4:7, Bog je rekao Kainu: „Nećeš li biti mio, kad dobro činiš? A kad ne činiš dobro, greh je na vratima; a volja je njegova pod tvojom vlašću, i ti si mu stariji." Bog je pokušavao da prosvetli Kaina, kako ne bi zgrešio. Ali Kain nije mogao da savlada greh i na kraju je ubio svog brata.

Da je Kain imao dobro srce, okrenuo bi se od smera u kome je išao, i zajedno sa svojim bratom, prineo bi žrtvu koja bi zadovoljila Boga, i ne bi bilo problema. Međutim, zato što je bio zao, okrenuo se protiv Božje volje. Ovako se izrodila ljubomora i ubistvo, što su dela mesa i kao rezultat osude, kletva je pala nad njim. Na kraju Bog je rekao Kainu: „I sada, da si proklet na zemlji, koja je otvorila usta svoja da primi krv brata tvog iz ruke tvoje. Kad zemlju uzradiš, neće ti više davati blaga svog; bićeš potukač i begunac na zemlji," i od tada, Kain je postao čovek koji je stalno bežao (Postanak 4:11-12).

Do sada smo naučili, kroz živote prvog čoveka Adama, kralja Saula i Kaina, kako je nepoštovanje Božje volje težak greh, i kakve velike posledice proizilaze kao rezultat toga. Kada vernik koji zna Božju Reč a ne posluša je, on u stvari ne sluša Boga. Ako vernik ne prima blagoslov napretka u svim oblastima svog života, to znači da na ovaj ili onaj način greši protiv Boga.

Zato moramo da uništimo zid greha između nas i Boga. Bog je poslao Isusa Hrista i Reč istine na ovaj svet kako bi udahnuo istinski život čovečanstvu koje živi usred patnje izazvane grehom. Ako ne živimo u skladu sa ovom rečju istine, doživećemo smrt.

Mi trebamo da živimo u skladu sa učenjima Gospoda koja nas vode do spasenja, večnog života, odgovora na molitve, i blagoslova. Ne smemo da vršimo greh neposlušnosti tako što ćemo stalno u sebi tražiti grehe, pokajanje, i slušati Reč Božju kako bi primili potpuno spasenje.

Poglavlje 12

„Hoću da istrebim sa zemlje ljude"

„I GOSPOD videći da je nevaljalstvo ljudsko veliko na zemlji, i da su sve misli srca njihovog svagda samo zle." Pokaja se GOSPOD što je stvorio čoveka na zemlji, i bi mu žao u srcu. I reče GOSPOD: „Hoću da istrebim sa zemlje ljude, koje Sam stvorio, od čoveka do stoke i do sitne životinje i do ptica nebeskih; jer se kajem što Sam ih stvorio." Ali Noje nađe milost pred GOSPODOM. Ovo su događaji Nojevi. Noje beše čovek pravedan i bezazlen svog veka; po volji Božjoj svagda življaše Noje."
(Postanak 6:5-9)

Mi možemo videti u Bibliji koliko je veliki bio ljudski greh u Nojevo vreme. Bogu je bilo vrlo žao zbog toga što je stvorio čoveka, da je On objavio da će On istrebiti ljude sa zemlje kroz Presudu o Potopu. Bog je stvorio čoveka, On je hodao sa njim i prosipao je Njegovu ljubav u izobilju na njega, te zašto bi On morao da nadnese nad čoveka ovakvu presudu? Ispitajmo razloge Božje presude i kako možemo izbeći Božji sud i umesto toga primiti blagoslove.

Razlika između zle osobe i dobre osobe

U našoj interakciji sa ljudima, mi stičemo određena osećanja o njima. Ponekad mi možemo osetiti da li su oni zli ili dobri. Najveći deo ljudi koji su odrasli u dobroj sredini i primili odgovarajuća učenja imaju miroljubive ličnosti i dobra srca. Suprotno tome, ljudi koji su odrasli u teškim okolnostima, videvši i iskusivši mnoge zle stvari koje otstupaju od istine, verovatnije će imati ličnosti koje su postale uvrnute, te oni mogu biti veći zlotvori. Naravno, ima i onih koji završe idući putem neistine, iako su bili vaspitavani u dobroj sredini, kao i onih koji prevazilaze nepovoljne okolnosti sredine, te završavaju uspešno i sa dobrim srcima. Ali koliko ljudi može biti odgojeno u dobroj sredini i dobiti dobro obrazovanje, a povrh toga utrošiti svoje napore da žive dobar život?

Ako želimo da pogledamo ljude koji su dobri primeri, možemo uzeti u obzir Devicu Mariju koja je rodila Isusa i njenog muža Josifa. Kada je Josif saznao da je Marija ostala trudna, a nisu delili krevet, šta je on učinio? U skladu sa Zakonom u to vreme, osoba koja je počinila preljubu bila je kamenovana do smrti. Ipak, Josif je nije otkrio javnosti. On je želeo da prekine njihovu veridbu tiho. Kako je on imao dobro srce!

Sa druge strane, primer zle osobe bi bio Avšalom. Kada je njegov polubrat Amnon silovao njegovu sestru, on je odlučio u svom srcu da se osveti. Kada je On našao odgovarajuće vreme, Avšalom je ubio Amnona. On je takođe izgradio i ozlojeđenost prema svom ocu Davidu u vezi sa tom stvari. Konačno, on je poveo pobunu protiv svog oca. Svo ovo zlo je rezultiralo tragičnim krajem Avšalomovog života.

Zbog toga Jevanđelje po Mateju 12:35 govori: „Dobar čovek iz dobre kleti iznosi dobro; a zao čovek iz zle kleti iznosi zlo." Za mnoge ljude u toku njihovog odrastanja, bez obzira na njihove namere, zlo prirodno biva posađeno u njima. Pre mnogo vremena, iako to nije bilo često, postojao je određeni broj ljudi koji su bili spremni da umru za svoju zemlju i za svoje ljude. Ipak, u današnje vreme je teško naći ovakve ljude. Iako oni postaju okaljani zlom, mnogo ljudi ni ne shvata šta je zlo i oni nastavljaju da žive misleći da su u pravu.

Zašto dolazi Božji sud

Kada pogledamo ono što je zapisano u Bibliji ili istoriji čovečanstva, bez obzira na vremenski period, kada su ljudski gresi dostigli zenit, a onda prešli preko svih granica, stigao je Božji strašni sud. Mi možemo podeliti Božji sud u tri glavne kategorije.

Kada Božji sud padne na nevernike, on može pasti na ceo narod, ili samo na pojednica. Ima slučajeva kada Božji sud može pasti i na Njegove ljude. Kada nacija kao celina počini greh koji prevazilazi etiku ljudskosti, velike teškoće padaju na ceo narod. Ako pojedinac počini greh koji zaslužuje osudu, Bog će ga uništiti. Kada Božji ljudi zgreše, oni budu disciplinovani. To je zato što Bog voli Njegove ljude; On dozvoljava iskušenja i teškoće da dođu na njih, da bi oni naučili iz svojih grešaka i da bi se okrenuli na drugu stranu.

Kao Stvoritelj, Bog ne samo da upravlja svim ljudima na svetu, već kao Sudija, On takođe dozvoljava čoveku da „požanje ono što je posejao." U prošlosti, kada ljudi nisu poznavali Boga, ako su onisa dobrim srcem tražili Boga i pokušali da žive u pravednosti, Bog im se ponekad otkrivao kroz snove i stavljao im do znanja da je živ.

Kralj Navuhodonosor vavilonskog carstva nije verovao u Boga, ali mu se Bog ipak otkrio u snu, prikazujući mu događaje koji će se desiti u budućnosti. On nije poznavao Boga, ali je bio dovoljno velikodušan da izabere elitu među zarobljenicima. On ih je naučio o vavilonskoj civilizaciji i čak ih postavio na ključne položaje u carstvu. On je to učinio jer je u jednom uglu svog srca, on priznao vrhovnog boga. Tako, čak i ako neko ne poznaje Boga, ako pokuša da ima ispravno srce, Bog će naći načina da otkrije da je On živi Bog i On nagrađuje tu osobu u skladu sa njenim delima.

Generalno, kada nevernici čine zlo, Bog ih neće disciplinovati osim ako je u pitanju nešto veoma ozbljno. Ovo je zato što oni ni ne znaju šta je greh i zato što oni nemaju ništa sa Njim. Oni su kao nezakonita deca u duhovnom smislu. Oni će na kraju završiti u Paklu i već su osuđeni. Naravno, ako je njihov greh dostigao granicu, te oni nanose veliko zlo drugima i njihovo se zlo otrže kontroli bez ikakavog obzira prema čovečanstvu, čak i ako oni nemaju ništa s Njim, On ih neće tolerisati. Ovo je zato što je Bog sudija koji sudi između dobrog i zlog čitavog čovečanstva.

Dela Apostolska 12:23 govore: „Ali ujedanput udari ga anđeo Gospodnji, jer ne dade slave Bogu i budući izjeden od crvi izdahnu." Kralj Irod je bio nevrenik koji je ubio Jakova, jednog od Isusovih dvanaest učenika. On je takođe zarobio Petra. Ali kada je on postao ponosan kao da je bog, Bog ga je napao i crvi su ga izjeli i on je umro. Čak i ako neko ne poznaje Boga, ako njegov greh pređe određenu granicu, on će primiti sud kao što je ovaj.

A šta je sa vernicima? Kada su se Izrailjci klanjali idolima, udaljavali od Boga i počinili sve vrste grehova, Bog ih nije jednostavno pustio na miru. On ih je prekorio i naučio ih kroz proroka, a ako oni još uvek nisu hteli da slušaju, On ih je kaznio da bi se okrenuli na drugu stranu.

Zapisano je u Poslanici Jevrejima 12:5-6: „Sine Moj, ne puštaj u nemar karanja Gospodnja, niti gubi volje kad te On pokara; jer koga ljubi Gospod onog i kara; a bije svakog sina kog prima." Bog interveniše kada Njegova voljena deca greše u njihovim delima. On ih kori i disciplinuje da bi oni mogli da se pokaju, okrenu na drugu stranu i da bi mogli da uživaju u blagoslovenom životu.

* Zato što je čovekovo bezakonje bilo veliko

Razlog zbog kog je Božji sud došao na zemlju je zato što je uvrnutost čovečanstva bila ogromna (Postanak 6:5). Onda, kako svet izgleda kada je bezbožnost čoveka ogromna?

Prvo, ima slučaja kada ljudi zajedno kao ceo narod, nagomilaju zlo. Ljudi mogu postati jedno sa predstavnikom njihovog naroda, kao što je predsednik ili premijer, i zajedno nagomilati grehe. Vrhunski primer bi bila famozna nacistička Nemačka i Holokaust. Čitava zemlja Nemačka sarađivala je zajedno sa Hitlerom da bi uništili Jevreje. Njihova metoda izvršenja ovog zlog čina je bila izuzetno okrutna.

Prema zapisanoj istoriji, otprilike 6 miliona Jevreja koji su živeli u Nemačkoj, Austriji, Poljskoj, Mađarskoj i Rusiji, bili su divljački ubijeni brutalnim radom, mučenjem, izgladnjivanjem i ubijanjem. Neki su umrli goli u gasnim komorama, neki su bili živi zakopani u jamama u zemlji, a neki su umrli užasnom smrću kao živi ispitanici ljudskih eksperimenata. Kakva je onda bila sudbina Hitlera i Nemačke, koj su vodili ove zle činove? Hitler je počinio samoubistvo, a Nemačka je postala u potpunosti poražena nacija sa stalnom, istorijskom ljagom imena zemlje. Konačno, zemlja se podelila na dva dela, Istočnu i Zapadnu Nemačku. Oni koji su bili krivi za gnusne ratne zločine morali su da menjaju svoja imena i da beže, seleći se iz mesta u mesto. Kada bi ih uhvatili oni bi dobijali smrtnu presudu.

    Ljudi iz Nojevog vremena su takođe primili sud. Zbog toga što su ljudi tog vremena bili toliko puni greha, Bog je doneo odluku da ih uništi (Postanak 6:11-17). Do dana poplave, Noje je uzvikivao o sudu koji dolazi, ali oni nisu slušali do samog kraja. U stvari, do momenta kada su Noje i njegova porodica ušli u arku, ljudi su još uvek jeli i pili, venčavali se i uranjali u zadovoljstva. Prema Nojevom svedočenju, čak i kada su videli da pada kiša, oni nisu shvatali šta se događalo (Jevanđelje po Mateju 24:38-39). Kao rezultat, svi ljudi su umrli u poplavi osim Noja i njegove porodice (Postanak, poglavlje 7).

    Takođe postoji i zapis u Bibliji u Avramovo vreme, o tome kako je Bog poslao sud ognja i sumpora na Sodomu i Gomoru jer su oni bili tako puni greha (Postanak, poglavlje 19). Dodatno, kroz ove primere mi možemo videti kroz istoriju gde je Bog doneo različite sudove gladi, zemljotresa, kuge itd. Na narode kao celine kada su oni u potpunosti bili puni greha.

    Sledeće je pojedinačno primanje suda, bez obzira na to da li neko veruje u Boga ili ne, ako je nakupio zlo, njemu je suđeno u skladu sa tim šta su njegova dela zaslužila. Nečiji život može biti skraćen kao rezultat sopstvenog zla, ili u zavisnosti od stepena njegovog greha, on bi se suočio sa tragičnim krajem u njegovim poslednjim danima. Ipak, samo zato što neko umire ranije, to ne znači da je on ili ona primio presudu; jer ima slučajeva kao što su Pavle i Petar, koji su bili ubijeni iako su vodili pravedne živote. Njihove smrti su takođe bile pravedne smrti, te tako na Nebesima, oni sijaju kao sunce. Ima nekih pravednih ljudi iz prošlosti koji su, nakon isticanja istine pred kraljem, bili prisiljeni da popiju smrtonosni napitak koji je okončao njihov život. U ovim slučajevima, njihove smrti nisu bile rezultat suda usled greha, već pravedne smrti.

I u današnjem svetu, bilo da je to narod ili pojedinac, greh čovečanstva je veliki. U najvećem delu, ljudi ne veruju u Boga kao u jednog istinskog Boga i oni su puni njihovih sopstvenih mišljenja. Oni ili jure za lažnim bogovima, idolima, ili vole više druge stvari od Boga. Seks pre braka je postao uobičajeno prihvaćen, a pokreti homoseksualaca i lezbejki za legalizaciju njihovih brakova kontinuirano napreduju. I ne samo to, droge haraju, tuče, neprijateljstva, mržnja i korupcija su svuda.

Postoji opis o kraju vremena u Jevanđelju po Mateju 24:12-14: „I što će se bezakonje umnožiti, ohladneće ljubav mnogih." Ali koji pretrpi do kraja blago njemu. I propovediće se ovo jevanđelje o carstvu po svemu svetu za svedočanstvo svim narodima, i tada će doći posledak." Ovo je naš svet upravo sada.

Kao što ne možete reći da li ima prljavštine na vašem telu kada ste u mraku, zbog toga što ima toliko mnogo greha na svetu, ljudi žive u bezakonju, a ipak ne znaju da su njihova dela bezakonje.

Zbog toga što su njihova srca toliko ispunjena bezakonjem, istinska ljubav se ne može sipati u njih. Nepoverenje, nevernost i sve vrste bola u srcu su široko rasprostranjene, jer se ljubav u ljudima ohladila. Kako Bog može, koji je besprekoran i bez ljage, da nastavlja da posmatra sve ovo?

Ako roditelj voli svoje dete, a dete ide pogrešnim putem, šta bi roditelj trebalo da učini? Roditelj će pokušati da ubedi dete da se promeni i ukoriće dete. Ali ako dete i dalje ne sluša, roditelj će pokušati da primeni čak i kaiš da bi dozvao dete pameti. Ali ako dete čini stvari koje su ljudski neprihvatljive, roditelj se na kraju može odreći deteta. Isto je i sa Bogom Stvoriteljem. Ako je ljudski greh toliko veliki da se ne razlikuje od životinja, Bog ne može ništa drugo, osim da donese sud nad njim.

* Zato što je misao srca zlobna

Kada Bog donese sud, On tuguje ne samo zato što je greh čovečanstva toliko veliki, već i zato što su ljudske misli zle. Osoba sa otvrdnulim srcem je takođe puna zlih misli. Ona je pohlepna i uvek traži korist za sebe i ništa je ne zaustavlja da bi dobila bogatstvo i ona stalno ima zle misli. Ovo takođe može važiti i za narod, kao i za pojednica. Ovo može važiti i za vernike. Iako neko priznaje da veruje u Boga, ako taj čuva Božju Reč samo kao znanje u glavi i ne primenjuje to na dela, on će nastaviti da traži korist samo za sebe, te će on uvek imati zle misli.

Zbog čega mi bogoslužimo Bogu i slušamo Njegovu Reč? To je zato da bismo delali u skladu sa Njegovom voljom i da bismo postali pravedni ljudi kakvi Bog želi da budemo. Ali ima tako mnogo ljudi koji dozivaju: „Gospode, Gospode!", a ipak ne žive u skladu sa Njegovom voljom. Bez obzira na to što tvrde da su toliko posla uradili za Boga, zbog toga što su njihova srca zla, oni će primiti sud; i neće ući u Raj (Jevanđelje po Mateju 7:21). Ne pridržavati se Božjih zapovesti ni zakona se smatra grehom, a vera bez dela je mrtva vera, te takvi ljudi ne mogu primiti spasenje.

Ako smo mi čuli Božju Reč, mi moramo odbaciti zlo i delati u skladu sa tim. Onda, dok naša duša prosperira, mi ćemo prosperirati u svakom pogledu; i primićemo takođe blagoslov zdravlja. Tako bolesti, iskušenja i teškoće neće doći. A i ako dođu, sve stvari će raditi zajedno za dobrobit, te će one umesto toga postati prilike za blagoslove.

Kada je Isus došao na ovaj svet, ljudi kao što su dobroćudni pastiri, proročica Ana, Simeon i drugi, prepoznali su bebu Isusa. Ipak, fariseji i sadukeji koji su propovedali da se strogo drže Zakona i koji su podučavali Zakon, nisu prepoznali Isusa. Da su bili potopljeni u Božju Reč, onda bi dobrota bila u njihovim srcima i oni bi mogli da prepoznaju Isusa i da Ga prihvate. Ali pošto oni nisu bili promenjeni u središtu njihovih srca, oni su bili razmetljivi i usredsredili su se samo na to da spolja izgledaju osvećeno. Zbog toga su njihova srca bila žuljevita i oni nisu mogli da razumeju Božju volju, te nisu mogli da prepoznaju Isusa. Tako u zavisnosti od toga koliko dobrote i koliko zla imate u vašem srcu, ishodi se strahovito razlikuju.

Božja Reč se ne može objasniti jednostavnim i jasnim jezikom samo ljudskim znanjem. Neki ljudi govore, da bismo znali tačno značenje Biblije, mi moramo proučavati hebrejski i grčki i tumačiti tekst u originalu. Onda, zbog čega fariseji, sadukeji i Visoki Sveštenici nisu jasno razumeli Bibliju—koja je zapisana na njihovom sopstvenom hebrejskom jeziku—i zašto oni nisu prepoznali Isusa? Ovo je zato što je Božja Reč zapisana u nadahnuću Svetog Duha i može se jedino jasno razumeti kada je neko nadahnut Svetim Duhom kroz molitvu. Biblija se ne može jednostavno tumačiti kroz bukvalno značenje.

Zbog toga, ako mi imamo neistinu u našim srcima ili želje mesa, očiju ili hvalisavi ponos života, onda mi ne možemo otkriti Božju volju, niti delati u skladu sa njom. Ljudi današnjeg vremena su toliko zli da odbijaju da poveruju u Boga; i ne samo to, čak i ako tvrde da veruju u Boga, oni i dalje delaju u bezakonju i nepravednosti. Sve u svemu, oni ne delaju u skladu sa Božjom voljom. Tako mi znamo da je Božji sud blizu.

* Zato što je svaka namera srca uvek zla

Razlog zbog kog Bog mora da sudi je taj što je svaka namera ljudskog srca zla. Kada mi imamo zle misli, planovi koji proizilaze iz ovih misli su zli, a ove misli konačno dovode do zlih dela. Pomislite samo koliko se zlih planiranja dešava u današnjem društvu.

Mi vidimo ljude na ključnim vodećim pozicijama naroda, koji zahtevaju mito u velikim svotama novca, ili stvaranje prljavih sredstava i zadiranje u uzavrelim svađama i tučama. Preovlađuju bezskrupulozne metode sticanja pristupa u javnim položajima, u vojnim skandalima i u svim drugim skandalima. Ima dece koja smišljaju ubistva svojih roditelja da bi se dokopala porodičnog bogatstva, a ima i mladih ljudi koji imaju različite zle planove da bi zaradili novac i potrošili ga na razvrat.

Čak i mlađa deca danas imaju zle planove. Da bi dobili novac da odu do igraonice ili da bi kupili nešto što žele, oni lažu svoje roditelje, ili čak i kradu. I pošto su svi toliko zauzeti pokušavajući da udovolje sebi samima, svaka namera srca i svako delo mogu samo biti zli. Kada se civilizacija brzo razvija u materijalnom smislu, društvo brzo postaje preplavljeno dekadentnom kulturom i kulturom koja samo traga za zadovoljstvom. Upravo se sve ovo događa danas, kao u vreme Nojevo kada je greh dostigao vrhunac u svetu.

Izbeći Božju osudu

Ljudi koji vole Boga i oni koji su duhovno budni, govore da je povratak Gospoda vrlo blizu. I kao što je zapisano u Bibliji, znaci o kraju vremena, o kojima je Gospod govorio, počinju da se pojavljuju vrlo jasno. Čak i nevernici često govore da se približavamo kraju. Knjiga Propovednika 12:14 kaže: „Jer će svako delo Bog izneti na sud i svaku tajnu, bila dobra ili zla." Zbog toga mi moramo znati da je kraj blizu i mi se moramo boriti protiv greha do tačke prolivanja krvi i odbaciti sve forme zla i postati pravedni.

Oni koji prihvataju Isusa Hrista i čija su imena zapisana u Knjizi Života na Nebesima, dobiće večni život i uživaće u večnim blagoslovima. Oni će biti nagrađeni u skladu sa njihovim delima, te će biti onih koji su na položajima svetlim kao sunce, a i onih koji su na položajima svetlim kao mesec ili zvezde. Sa druge strane, nakon Suda velikog belog prestola, oni čije su misli srca bile zle i čija je svaka namera bila zla i koji su odbili da prihvate Isusa Hrista i koji nisu verovali u Boga, patiće čitavu večnost u Paklu.

Tako, ako mi želimo da izbegnemo Božji sud, kao što je zapisano u Poslanici Rimljanima 12:2, mi se ne smemo povinovati svetu koji je pun svih vrsta korupcije i grehova. Mi treba da obnovimo naša srca i da se transformišemo, da bismo mogli da dešifrujemo šta je Božjoj volji dobro, ugodno i savršeno i da delamo u skladu sa tim. Kao što je Pavle priznao: „Ja umirem svakoga dana," mi se moramo predati Hristu i živeti u skladu sa Božjom Reči. Na ovaj način naša duša mora da prosperira, da bismo mi uvek imali dobre misli i da bismo delali iz dobrote. Onda, mi ćemo prosperirati u svim oblastima naših života i bićemo dobrog zdravlja i na kraju ćemo uživati u večnim blagoslovima na Nebesima.

Poglavlje 13

Ne idite protiv Njegove volje

„A Korej, sin Isara sina Kata sina Levijevog, i Datan i Aviron sinovi Elijavovi, i Avnan sin Faleta sina Ruvimovog pobuniše se, i ustaše na Mojsija, i s njima dvesta i pedeset ljudi između sinova Izrailjevih, glavara narodnih, koji se sazivahu na zbor i behu ljudi znatni. I skupiše se na Mojsija i na Arona i rekoše im: Dosta nek vam je; sav ovaj narod, svi su sveti, i među njima je Gospod; zašto se vi podižete nad zborom GOSPODNJIM?"
(Brojevi 16:1-3)

„A kad izgovori reči ove, rasede se zemlja pod njima, i otvorivši zemlja usta svoja proždre ih, i domove njihove i sve ljude Korejeve i sve blago njihovo. I tako siđoše sa svim što imahu živi u grob, i pokri ih zemlja i nesta ih iz zbora..."
(Brojevi 16:31-35)

Ako se mi povinujemo Reči, držimo se Njegovih odredba i hodamo putem pravednosti, mi primamo blagoslove kada uđemo i kada izađemo. Mi primamo blagoslove u svim oblastima naših života. Suprotno tome, ako se mi ne povinujemo već se suprotstavljamo Božjoj volji, onda će sud doći na nas. Tako mi treba da postanemo istinsko Božje dete koje Ga voli, povinuje Mu se celim srcem i dela u skladu sa Njegovim odredbama.

Osuda dolazi kada mi stojimo protiv Božje volje

Jednom, postojao je čovek koji je bio pravedno ogorčen. On i nekoliko njegovih drugova su udružili svoju volju i planirali veliku revoluciju da bi pomogli svojoj zemlji. Kako se dan revolucije približavao, njihova volja je jačala. Ali izdaja jednog od njih dovela je do propasti čitavog plana da se spasi zemlja. Koliko je tužno i tragično kada greška jedne osobe dovede do toga da se dobra volja mnogo ljudi ne ostvari?

Siromašan čovek i žena su se venčali. Mnogo godina su oboje zatezali njihov kaiš kako bi uštedeli. Najzad su kupili nešto zemlje i počeli su da vode komforne živote. Onda odjednom, muž je postao zavisan od kockanja i pića i kao posledica toga, prokockao je sve što su teškom mukom stekli. Možete li da zamislite kolika li je bila patnja ove žene?

Samo u odnosima među ljudima, mi možemo videti da se tragedije dešavaju kada ljudi delaju u suprotnosti sa voljom onog drugog. Onda, šta bi se desilo kada bi neko odlučio da dela u suprotnosti sa voljom Boga, koji je Stvoritelj univerzuma? Kada čitate Brojeve 16:1-3, tu postoji incident kad se Korej,

Datan i On, zajedno sa 250 obnovljenih poglavara dižu protiv Božje volje. Mojsije je bio njihov vođa, koga je Bog izabrao za njih. Zajedno sa Mojsijem, sinovi Izrailja su trebali da postanu istomišljenici da bi prevazišli težak život u divljini i da bi ušli u zemlju Hanansku. Ali desio se ovaj bolan događaj.

Kao rezultat, Korej, Datan i On, zajedno sa njihovim porodicama, bili su živi sahranjeni kada se zemlja pod njima otvorila i progutala ih. 250 poglavara je takođe bilo uništeno ognjem GOSPODNJIM. Zašto se ovo dogodilo? Suprotstavljati se vođi koga je Bog izabrao je isto kao suprotstavljati se Bogu.

Čak i u našim svakodnevnim životima, primeri suprotstavljanja Božjoj volji se često dešavaju. Iako Sveti Duh poziva naša srca, mi jednostavno idemo protiv toga ako se Njegova volja ne uklapa u naše misli i želje. Što više delamo u skladu sa našim mislima a ne u skladu sa Njegovim, to više idemo protiv Božje volje. Vremenom mi više nećemo moći da čujemo glas Svetog Duha. Zbog toga što mi delamo u skladu sa našom sopstvenom voljom, mi utrčavamo u teškoće i nevolje.

Ljudi koji su išli protiv Božje volje

U Brojevima, u poglavlju 12, je scena u kojoj Mojsijev brat Aron i njegova sestra Marija govore protiv Mojsija jer je on oženio ženom Madijankom. Oni su ga optužili, govorivši: „Zar je samo preko Mojsija govorio GOSPOD? Nije li govorio i preko nas?" (stih 2) Odmah zatim, Božji gnev pao je na Arona i Mariju, a Marija je postala leprozna.

Bog je onda viknuo na njih dvojicu, govoreći: „Prorok kad je među vama, Ja ću mu se GOSPOD javljati u utvari. I govoriću s njim u snu. Ali nije takav moj sluga Mojsije, koji je veran u svem domu mom; njemu govorim iz usta k ustima, i on Me gleda doista, a ne u tami niti u kakvoj prilici GOSPODNJOJ. Kako se dakle ne pobojaste vikati na slugu mog, na Mojsija?" (stihovi 6-8).

Pogledajmo onda šta znači ići protiv Božje volje, posmatrajući nekoliko primera iz Biblije.

1) Izrailjci su bogoslužili idolima

Tokom Izlaska, sinovi Izrailja su videli sopstvenim očima deset pošasti koje su pale na Egipat i kako se Crveno More razdelilo pred njima. Oni su iskusili toliko mnogo različitih znakova i čuda, da su oni morali znati da je Bog, živi Bog. Ali šta su oni učinili dok je Mojsije bio na planini posteći 40 dana da bi primio Deset Božjih Zapovesti? Oni su sagradili zlatno tele i obožavali ga. Bog je izdvojio Izrael za izabrane ljude i On ih je naučio da ne bogosluže idolima. Ali oni su išli protiv Božje volje i kao rezultat toga, oko tri hiljade njih je umrlo (Izlazak, poglavlje 32).

A u 1. Knjizi Dnevnika 5:25-26, zapisano je: „Ali kad zgrešiše Bogu otaca svojih i činiše preljubu za bogovima naroda one zemlje, koje Bog istrebi ispred njih. Podiže Bog Izrailjev duh Fula, cara asirskog i duh Teglat-Felasara, cara asirskog, i preseliše pleme Ruvimovo i pleme Gadovo i polovinu plemena Manasijinog, i odvedoše ih u Alu i u Avor i u Aru, i na reku Gozan, gde ostaše do danas." Zbog toga što su Izrailjci bili prevrtljivi, obožavajući bogove zemlje Hananske, Bog je pokrenuo srce kralja Asirije da napadne i osvoji Izrael i da mnogo njih odvede u zarobljeništvo. Dela Izrailjaca protiv Boga izazvala su ovu katastrofu.

Razlog zbog kog je severno kraljevstvo Izrael bilo uništeno od strane Asirije i zbog kog je južno kraljevstvo Judeja bilo uništeno od strane Vavilona, takođe je bilo zbog idiopoklonstva.

U današnjem smislu, to je kao obožavanje idola napravljenog od zlata, srebra, bronze itd. Isti je slučaj sa ljudima koji na sto stavljaju kuvanu glavu svinje i klanjaju se duhovima njenih preminulih predaka. Kakva je to sramotna scena kada se ljudi, kao najviši od svega stvorenog, klanjaju pred mrtvom svinjom i traže od nje blagoslove!

U Izlasku 20:4-5, Bog daje zapovest govorivši: „Ne gradi sebi lik rezani niti kakvu sliku od onog što je gore na nebu, ili dole na zemlji, ili u vodi, ispod zemlje. Nemoj im se klanjati niti im služiti."

On je takođe jasno spomenuo kletve koji će doći na njih ako zapovesti uzmu olako i ako im se ne povinuju. On je takođe rekao o blagoslovima koje će oni primiti ako zapovesti ureže u njihova srca i ako ih se pridržavaju. On je rekao: „Ja sam GOSPOD Bog tvoj, Bog revnitelj, koji pohodim grehe otačke na sinovima do trećeg i do četvrtog koljena, onih koji mrze na mene; a činim milost na hiljadama onih koji Me ljube i čuvaju zapovesti Moje."

Zato, kada se mi osvrnemo oko nas, mi možemo videti da porodice koje imaju istoriju obožavanja idola, doživljavaju mnogo različitih patnji. Jednog dana, članica crkve koja se klanjala pred idolom, doživela je teškoću. Njena usta, koja su ranije bila normalna, postala su uvrnuta i toliko deformisana da nije mogla normalno da govori. Kada sam je upitao šta se dogodilo, ona mi je rekla da je bila u poseti svojoj porodici za vreme praznika i da zbog toga što nije mogla da se odupre njihovom pitisku da se pokloni pred tradicionalnom žrtvom predacima, ona je poklekla i poklonila se. Sledećeg dana, njena usta su se iskrivila na jednu stranu. Na sreću, ona se u potpunosti pokajala pred Bogom i primila molitvu. Njena usta su bila isceljena i vratila su se u normalu. Bog je poveo putem spasenja dajući joj lekciju, da bi podrobno shvatilada je idiopoklonstvo put uništenja.

2) Faraon je odbio da pusti Izraelce

U Izlasku, poglavlje 7-12, sinovi Izrailja, koji su bili robovi u Egiptu, pokušali su da napuste Egipat pod vođstvom Mojsija. Ali faraon nije želeo da ih pusti, te je iz tog razloga velika nesreća pala na Faraona Egipta. Bog Stvoritelj je stvaralac života i smrti čovečanstva, zbog toga niko ne može ići protiv Njegove volje. Božja volja je bila za Izlazak ljudi Izraela. Ali faraon čije je srce otvrdnulo, umešao se u Božju volju.

Zbog toga, Bog je doneo deset pošasti na Egipat. Tokom tog vremena, čitava nacija je počela da se cepa. Konačno, Faraon je protiv svoje volje pustio sinove Izrailja, ali je imao ozlojeđenost u svom srcu. Tako je on ponovo odlučio da pošalje svoju vojsku za njima, čak i u Crveno more koje se bilo razdvojilo. Konačno, cela egipatska vojska koja je bila u poteri za njima, udavila se u Crvenom moru. Faraon je išao protiv Božje volje do gorkog kraja, te je sud došao na njega.

Pošto mu je Bog nekoliko puta pokazao da je On živi Bog, Faraon je trebalo da shvati da je Bog Jedini i jedini istinski Bog. Trebalo je da se povinuje Njegovoj volji. Čak i po ljudskim merilima, pustiti Izralijce da slobodno odu, bila je ispravna stvar.

Za jedan narod, da porobi čitavu drugu rasu, je jednostavno pogrešno. Štaviše, Egipat je izbegao veliku glad zahvaljujući Josifu, sinu Jakovljevom. Uprkos činjenici da je prošlo 400 godina, to je bila istorijska istina, da je Egipat dugovao Izraelu za spas svog naroda. Ali umesto da Izraelu vrate za milost koju su primili, Egipat ih je pritisnuo i doveo u položaj sličan ropstvu. Koliko je to zlo? Faraon koji je imao apsolutnu moć, bio je ponosna osoba puna pohlepe. Zato se on do kraja borio protiv Boga, te je primio Njegov konačni sud.

Ima ljudi kao što su ovi i u našem društvu danas, a Biblija nas upozorava da ih sud čeka. Uništenje čeka one koji odbiju da veruju u Boga zbog njihovog sopstvenog znanja i ponosa, kao i one koji budalasto pitaju: „Gde je Bog?"

Čak i ako oni priznaju da veruju u Boga, ako oni zanemare Božje zapovesti zbog njihovih sopstvenih hirova i tvrdoglavosti, ako oni gaje neprijateljstvo ili ogorčenje prema drugima, ili ako su vođe u crkvi i tvrde da rade teško za Božje kraljevstvo, a ipak zbog svoje ljubomore ili pohlepe uznemiruju i iritiraju druge oko sebe, oni se uopšte ne razlikuju od Faraona.

Znajući da je Božja volja za nas da živimo u Svetlosti, ako mi nastavimo da živimo u tami, onda ćemo mi iskusiti iste vrste patnji koje doživljavaju nevernici. Ovo je zato što Bog neprestano upozorava ljude, ali oni ne slušaju, već idu suprotno Božjoj volji, krećući se ka svetovnom.

Suproto tome, kada neko živi u pravednosti, njegovo srce postaje čisto i zbog toga što njegovo srce počinje da oponaša Božje srce, neprijatelj đavo odlazi. Bez obzira na to kakvu ozbiljnu bolest on možda ima, bez obzira na iskušenja i teškoće sa kojima se on može susresti, ako on nastavi da dela u pravednosti pred Bogom, on će postati snažan i zdrav i sva iskušenja i teškoće će nestati. Ako je kuća prljava, pojavljuju se bubašvabe, miševi i sve vrste napasti. Ali ako je kuća očišćena i dezinfikovana, napasti u njoj više ne mogu da žive i prirodno nestaju. Ovo je isto.

Kada je Bog prokleo zmiju koja je iskušavala čoveka, On je rekao da će ona „puzati na stomaku, i jesti prašinu čitavog života" (Postanak 3:14). Ovo ne znači da će zmija jesti prljavštinu sa zemlje. Duhovno značenje ovoga je da Bog govori neprijatelju đavolu—koji je podsticao zmiju—da jede meso čoveka, koji je nastao iz praha. Duhovno, „meso" je nešto što se menja i skapava. Ono označava neistinu koja je put smrti.

Tako, neprijetelj đavo donosi iskušenja, nesreće i patnje ljudima od mesa koji greše u središtu istine i konačno ih vodi putem smrti. Ipak, neprijatelj se ne može približiti svetim ljudima koji su bez greha i koji žive u skladu sa Božjom Reči. Zbog toga, ako mi živimo u pravednosti, onda bolest, iskušenja i nesreće prirodno beže od nas.

U Isusu Navinu, poglavlje 2, postoji osoba, koja je u suprotnosti sa faraonom bila paganin, ali je pomogla da se ispuni Božja volja, te je kao rezultat primila blagoslove. Ova osoba ja bila žena koja se zvala Rava, koja je živela u Jerihonu u vreme Izlaska. Nakon izlaska iz Egipta i lutanja po divljini koje je trajalo 40 godina, Izrailjci su prešli reku Jordan. Oni su se ulogorili i bili su spremni da napadnu Jerihon u bilo kom trenutku. Rava nije bila Izrailjka, ali je bila čula za njih kroz vinovu lozu. Njoj je bilo palo na pamet da je GOSPOD Bog, koji je imao kontrolu nad čitavim univerzumom, bio na strani ljudi Izrailja. Ona je takođe znala da ovaj Bog nije bio onakav bog koji bi nesmotreno i nemilosrdno ubio bez razloga. Pošto je Rava znala da je GOSPOD Bog bio Bog pravednosti, ona je štitila Izrailjske špijune krijući ih. Pošto je Rava znala Božju volju i pomogla da se ispuni Njegova volja, ona i njena cela porodica je bila spašena kada je Jerihon uništen. Mi takođe moramo ispunjavati Božju volju da bismo vodili duhovni život u kome možemo primiti rešenje na različite probleme i primiti odgovore na naše molitve.

3) Sveštenik Jelisej i njegovi sinovi oteli su se iz Božjeg reda

U 1 Samuilu, poglavlje 2, mi vidimo da su sinovi Sveštenika Jeliseja bili ljudi od bezakonja, koji su dirali hranu koja je bila odvojena na stranu da bi se prinela kao dar Bogu i čak spavali sa ženama koje su služile na ulazu u Šator Sastanka. Ipak, njihov otac Jelisej Sveštenik ih je jednostavno ukorio rečima, a nije ništa učinio da stane na put zlu koje su oni činili. Na kraju, njegovi sinovi su bili ubijeni u ratu protiv Filistinaca, a Jelisej Sveštenik je slomio vrat i umro kada je pao sa svoje stolice dok su mu sopštavali te vesti. Jelisej je umro na ovaj način zbog greha neadekvatnog učenja njegovih sinova.

Isto važi i za nas danas. Ako mi vidimo ljude oko nas koji čine preljubu telesnog, ili koji odstupaju iz Božjeg reda i ako ih mi samo prihvatimo bez da ih naučimo o dobru i o zlu, onda se mi ne razlikujemo od Jeliseja Sveštenika. Ovde, mi moramo uvideti da li smo mi na bilo koji način kao Jelisej Sveštenik i njegovi sinovi.

Isto važi i za trošenje desetka za sopstvene potrebe i za ponude zahvalnosti koji su odvojeni za Boga. Kada mi ne prisnosimo cele desetke i ponude, to je kao krađa od Boga, zbog toga će kletva pasti na našu porodicu ili na narod (Malahija 3:8-9). Takođe, šta god da je odlučeno da bude ponuđeno Bogu, ne treba menjati ni za šta drugo. Ako ste vi već u vašem srcu odlučili da date ponudu Bogu, vi je morate izvršiti. A ako želite da je menjate za nešto bolje, onda morate ponuditi oboje, i prethodnu i kasniju ponudu.

Takođe, nije u redu za vođu ćelije ili za blagajnika grupe u crkvi da koristi sakupljene članarine onako kako on smatra primerenim. Upotreba crkvenih sredstava za svrhu drugačiju od namerene, ili upotreba novca odvojenog sa strane za određeni događaj u drugu svrhu, takođe potpada pod kategoriju „krađe od Boga." Štaviše, staviti ruku na Božje blago je krađa, kao što je učinio Juda Iskariotski. Ako neko ukrade Božji novac, on čini greh veći od grehova Jelisejevih sinova i neće mu biti oprošteno. Ako je neko počinio ovakav greh i nije znao za bolje, on to mora priznati i u potpunosti se pokajati i ne sme nikad više da počini ovaj greh. Ljudi postaju prokleti zbog ovakvih grehova. Tragični događaji, nezgode, i bolest dolaze u njihove živote i njima se ne može dati vera.

4) Mladež koja je ismevala Jeliseja i drugi slični slučajevi

Jelisej je bio moćan sluga Božji, koji je komunicirao sa Njim i za koga je On jamčio. Ali u 2. Knjizi Kraljevima, poglavlje 2, mi se susrećemo sa scenom u kojoj je mnogo mladih izašlo u grupi, prateći Jeliseja naokolo i ismevajći ga. Oni su bili toliko zli da su ga pratili od unutrašnjosti grada celim putem do van grada vičući: „Poleti ćelo; poleti ćelo!" Konačno, Jelisej to više nije mogao da podnese te ih je prokleo u ime GOSPODA, a dve ženke medveda su izašle iz šume i teško povredile 42 od njih. Pošto je u Bibliji zapisano da je 42 od njih umrlo, mi zaključujemo da je ukupan broj dece koji su uznemiravali Jeliseja u stvari bio veći.

Prokletstva i blagoslovi koji dolaze od sluge za koga Bog jemči, desiće se tačno kako oni to izgovore. Posebno ako se rugate, klevetate ili ogovarate osobu od Boga, to je kao da klevetate i rugate se Bogu. Zbog toga je to jednako kao ići protiv Božje volje.

A šta se desilo Jevrejima koji su Isusa zakucali za krst i vikali da Njegova krv padne na njih i njihove potomke? 70. godine n.e. Jerusalim je bio potpuno uništen od strane rimskog generala Titusa i njegove vojske. Broj Jevreja koji je tada bio ubijen je bio 1,1 milion ljudi. Nakon toga, Jevreji su se rasuli po svetu i doživeli raznorazna poniženja i progone. Onda, još šest miliona njih je poginulo od nacista. Kao što možete videti, rezultat pobune i protivljenja Božjoj volji, doneće strahovite posledice.

Jelisejev sluga Gijezije, bio je u sličnoj situaciji. Kao Jelisejev učenik koji je dobio odgovor u vatri, Jelisej je primio dva puta veće nadahnuće od svog učitelja. Tako je samo to što je on mogao da služi gospodaru kakav je bio Jelisej, bilo veliki blagoslov. Gijezije je lično prisustvovao mnogim znakovima koje je Jelisej izveo. Da se on samo povinovao Jelisejevim rečima i primio njegova učenja, on bi verovatno primio veću moć i veće blagoslove takođe. Nažalost, Gijezije to nije mogao da učini.

Bilo je vremena kada je Božjom moći, Jelisej iscelio aramejskog vojskovođu Namana, koji je bio bolestan od lepre. Naman je bio toliko dirnut, da je želeo da Jeliseju pokloni veliki dar. Ipak, Jelisej ga je jasno odbio. On je ovo učinio, jer se ne primivši dar, daje veća slava Bogu.

Ali, ne razumevajući volju svog gospodara i zaslepljen materijalizmom, Gijezije je pojurio za generalom Namanom, slagao ga i primio darove. On je doneo darove nazad i sakrio ih. Jelisej je već znao šta se dogodilo, te je dao šansu Gijeziju da se pokaje, ali je ovaj opovrgnuo optužbu i nije se pokajao. Kao rezultat, Namanova lepra je došla na Gijezija. To nije bilo samo protivno Jelisejevoj volji, već i Božjoj volji.

5) Lagati Svetog Duha

U Delima Apostolskim, poglavlje 5, je incident u kome jedan par, Ananija i Safira, lažu Petra. Kao članovi rane crkve, oni su odlučili da prodaju svoje imanje i da Bogu ponude novac. Ali kada su konačno dobili novac, obuzela ih je pohlepa. Tako su oni dali samo deo novca i slagali govoreći da je to sav novac. Kao rezultat ovog dela, oboje su umrli. Ovo je bilo zato što oni nisu slagali samo čoveka, već su slagali i Boga i Svetog Duha. Oni su iskušavali Duh Gospodnji.

Mi smo podelili samo deo primera, ali pored ovih, ima mnogo drugih incidenata u kojima ljudi idu protiv Božje volje. Božji Zakon ne postoji da bi nas kažnjavao, već da bi nam pomogao da shvatimo šta su gresi, da nas vodi da se pouzdamo u moć Isusa Hristosa da bi ih prevazišli i konačno da nas vodi da primimo Božje blagoslove u izobilju. Pogledajmo sada sva naša prethodna dela, kako bismo uvideli da li je neko od njih protiv Božje volje, i ako jeste, mi treba da se u potpunosti preokrenemo na drugu stranu i da delamo samo u skladu sa Božjom voljom.

Rečnik

Oganj i slama

„Oganj" je zatvorena komora u kojoj stvorena toplota služi za grejanje zgrada, uništavanje otpada, topljenje i obradu rude itd. U Bibliji se reč „oganj" koristi da označi Božja iskušenja, osudu, Pakao itd. Danilova tri prijatelja, Sedrah, Misah i Avdenago su odbili da se poklone zlatnoj slici koju je postavio Navuhodonosor, te su ih bacili u vatreni oganj. Ipak, uz Božju pomoć, oni su izašli živi i nepovređeni (Prorok Danilo, poglavlje 3).

„Slama" su stabljike požnjevenog useva koje se koriste za poleganje i ishranu životinja, za pokrivanje kuća, tkanje ili pletenje korpi. U Bibliji, „slama" simbolično označava nešto što je beznačajno i bezvredno.

Šta je arogancija?

Arogancija je smatrati sebe boljim od drugih. To je gledanje na ljude sa visine i mišljenje: „Ja sam bolji od njih." Jedan od najčešćih uslova kada se kod nekog javlja ovakva vrsta ponosa, je kada neko misli da je voljen i priznat od strane vođe organizacije ili grupe kojoj pripada. Bog ponekad koristi ovu metodu davanja komplimenata, da bi neko mogao da otkrije da li ima ponositu prirodu.

Jedan od najčešćih oblika ponosa je suđenje i osuda drugih. Mi moramo biti posebno pažljivi da ne gajimo duhovni ponos koji dovodi do toga da sudimo drugima Božjom Rečí, koja bi trebalo strogo da se koristi kao osnova da bismo se u njoj mi sami ogledali. Duhovni ponos je vrlo opasan oblik zla, jer se ne može lako otkriti; zbog toga mi moramo posebno biti pažljivi da ne budemo duhovno arogantni.

Poglavlje 14

„Ovako veli Gospod nad vojskama..."

„ „Jer, gle, ide dan, koji gori kao peć, i svi će ponositi i svi koji rade bezbožno biti strnjika, i upaliće ih dan koji ide," veli GOSPOD nad vojskama, i neće im ostaviti ni korena ni grane." „A vama, koji se bojite imena mog, granuće Sunce pravde, i zdravlje će biti na zracima Njegovim, i izlazićete i skakaćete kao teoci od jasala. I izgazićete bezbožnike, jer će oni biti pepeo pod vašim nogama u dan kad ja učinim," veli Gospod nad vojskama."
(Malahija 4:1-3)

Bog sudi svakom delu; takođe i svem onom što je skriveno, da li je to dobro ili zlo (Knjiga Propovednika 12:14). Možemo videti da je to sigurno tako, ako pogledamo istoriju čovečanstva. Ponosna osoba traži svoj interes. On gleda na druge s visine i nagomilava zlo da bi došao u posed velikog bogatstva. Međutim, na kraju ga čeka uništenje. Nasuprot tome, skroman čovek koji duboko poštuje Boga može da izgleda glup ili da se suoči sa teškoćama u početku, ali na kraju dobija velike blagoslove i poštovanje svih ljudi.

Bog odbacuje ponosne

Uporedite dve žene u Bibliji, Astinu i Ester. Kraljica Astina je kraljica kralja Asvira, kralja Persijskog carstva. Jednog dana, kralj Asvir priredi gozbu i zatraži od kraljice Astine da dođe pred njega. Međutim, Astina, sva ponosna i izuzetno lepa, odbi kraljev zahtev. Kralj, koji se veoma razljutio, ukloni kraljicu sa njenog položaja. Šta je bilo drugačije sa Ester, koji je došla na položaj kraljice posle Astine?

Ester, koja je postala kraljica, je prvobitno bila jevrejski zarobljenik koji je doveden u Vavilon za vreme vladavine kralja Navuhodonosora. Ester nije bila samo lepa, već i mudra i skromna. U jednom trenutku njeni ljudi su doživeli velike poteškoće zbog jednog Amalečanina po imenu Aman. Nakon toga, Ester je provela tri dana u postu i molitvi, a potom i odlučila da bi mogla i stradati ako bude morala, pročistila se, obučena u svoje kraljevske odore i stajala je ponizno pred kraljem. Zato što je postupala sa takvim poniznošću pred kraljem i svim drugim ljudima, ne samo da je zadobila kraljevu ljubav i poverenje, nego je takođe bila u mogućnosti da izvrši veliki zadatak spasavanja sopstvenih ljudi.

Pošto je zapisano u Jakovljevoj Poslanici 4.6: „Gospod suproti se ponositima, a poniženima daje blagodat," mi nikada ne smemo postati ponosna osoba koja je odbačena od strane Boga.

A kao što je zapisano u Malahiji 4:1: „Svi koji rade bezbožno biće strnjika," u zavisnosti da li se koristi njegova ili njena mudrost, znanje i moć za dobro ili zlo, spoljašnost će se drastično razlikovati. Dobar primer za ovo bi bili David i Saul.

Kada je David postao kralj, njegove prve misli su bile o Bogu, i on je pratio Njegovu volju. Davida je Bog blagoslovio zato što se ponizno molio pred njim, tražeći mudrost kako bi ojačao naciju i doneo mir svom narodu.

Saul je, međutim, postao pohlepan i brinuo se da ne izgubi svoj položaj kralja, pa je izgubio mnogo vremena pokušavajući da ubije Davida, koji je primao Božju ljubav i ljubav svog naroda. Zato što je bio ponosan, nije se obazirao na opomene proroka. Na kraju krajeva, on se ogradio od Boga, a umro je bednom smrću usred bitke.

Dakle, jasno razumevajući kako GOSPOD Bog sudi ponosnima, trebalo bi da ga u potpunosti izbacimo. Ako se oslobodimo ponosa i postanemo skromni, Bog će biti zadovoljan nama i biće sa nama odgovarajući na naše molitve. Poslovice 16:5 kažu: „Mrzak je GOSPODU ko je god ponositog srca, i neće ostati bez kara ako će i druge uzeti u pomoć" (KJV). Bog mrzi ponosno srce toliko da će svako ko se uhvati za ruke sa ponosnim čovekom biti kažnjen zajedno sa njim. Zli ljudi imaju tendenciju da se okupljaju sa zlim ljudima, a dobri ljudi sa dobrim. Ovo je takođe posledica ponosa.

Ponos kralja Jezekilja

Hajde da detaljnije razmotrimo koliko Bog mrzi ponos. Među Izraelskim kraljevima, mnogi su počeli svoje vladavine s ljubavlju prema Bogu i poštovanjem Njegove volje, a onda su vremenom postali ponosni, okrenuli se protiv Božje volje, i nisu ga slušali. Jedan od tih kraljeva je kralj Jezekilja, 13. kralj južnog Kraljevstva Judeja.

Kralj Jezekilja, koji je postao kralj nakon svog oca, Ahaza, je bio voljen od Boga zato što je bio iskren, kao David. On je uklonio strane oltare i uzvišice, i srušio svete stubove unutar naroda. On je potpuno očistio narod svih idola koje Bog mrzi, kao što su Ašerovi stubovi koje je srušio (2. Knjiga Dnevnika 29: 3-30: 27).

Ali, kada je narod počeo da doživljava političke poteškoće zbog grešaka prethodnog kralja koji nije poštovao red i bio nepravedan, umesto da se veže i uzda u Boga, Kralj Jezekilja je ušao u savez sa okolnim zemljama kao što su Egipat, Filisteja, Sidon, Moab, i Amon. Isaija je ukorio kralja Jezekilju u nekoliko navrata kako je počinio nesmotren čin koji je išao protiv volje GOSPODA.

Kako je bio pun ponosa, kralj Jezekilja nije slušao upozorenja Isaije. Na kraju krajeva, Bog je ostavio Judu samog, i Senahirib, kralj Asirije, je udario na Judu i pobedio ga. Dakle, kralj Senahirib je pokorio Judu i uzeo 200.000 ljudi kao zarobljenike. I kad je kralj Senahirib zahtevao da kralj Jezekilja plati ogromna obeštećenja, Jezekilja je ispunio ove zahteve skidanjem svojih dragocenih nakita iz hrama i palate i pražnjenjem državnog trezora. Stvari iz Hrama ne treba da dira bilo ko. Ali pošto je Jezekilja dao ove svete predmete po svom nahođenju i za sopstveni opstanak, Bog nije mogao a da ga ne napusti.

Kako je Senahirib nastavio da preti Jezekilju čak i nakon davanja ogromnog obeštećenja, Jezekilja je konačno shvatio da više ništa ne može da uradi, pa je otišao pred Boga i molio, pokajući se i plačući pred Njim. Kao rezultat toga, Bog mu se smilovao, i porazio Asiriju. Možemo dobiti istu lekciju u našim porodicama, na radnom mestu, u poslu, i u našim odnosima sa susedima, i sa našom braćom i sestrama. Ponosna osoba ne može da prima ljubav; a kamoli da dobije pomoć u nevolji.

Ponos vernika

Demoni ne mogu da uđu u osobu koja veruje u Boga, jer je Bog štiti. Međutim, postoje slučajevi u kojima demoni ulaze u ljude koji tvrde da veruju u Boga. Kako to može da se desi? Bog je suprotnost ponosu. Dakle, ako osoba postane ponosna do te mere da se Bog okrene od njega, demoni mogu ući u njega. Ako osoba postane duhovno ponosna, Sotona može da izazove demone da ga zaposednu i kontrolišu i uzrokuju da počini zlodela.

Čak i ako ne bude zaposedanja, ako vernik postane duhovno ponosan, on može da iskrivi istinu i zbog toga postane uznemiren. Pošto ne poštuje Božiju Reč, Bog nije s njim, i sve mu ne ide dobro u životu. Kao što je zapisano u Poslovicama 16:18: „Oholost dolazi pred pogibao, i ponosit duh pred propast" ponos ne donosi nikakvu korist. U stvari, to samo donosi bol i patnju. Moramo znati da je duhovni ponos apsolutni parazit, i

mora biti potpuno uništen.
Pa kako da vernici znaju da li su ponosni? Ponosna osoba misli da je u pravu, tako da ne prihvata tuđe kritike. Nedelovanje u skladu sa Božjom Rečju je takođe jedan oblik ponosa, jer to pokazuje da neko ne poštuje Boga. Kada je David slomio Božju zapovest i zgrešio, Bog ga je ukorio oštro, govoreći: „Prezreo si Mene" (2. Samuilova Poslanica 12:10). Dakle, kada se ne moli, ne voli, ne poštuje, i ne vidi drvo u sopstvenom oku, a ističe trun u tuđem, sve su to primeri ponosa.

Gledanje sa visine na druge, i njihovo osuđivanje u skladu sa našim standardima, hvaljenje sebe, sa željom da se neko pokaže, sve su to oblici ponosa. Uključivanje u debate u svakoj prilici i verbalne prepirke su takođe oblici ponosa. Ako ste ponosni, vi želite da vam se služi i želite da se popnete na vrh. I, dok pokušavamo da napravimo korist i ime za sebe, počinjemo da nagomilavamo zlo.

Morate da se pokajete za ovu vrstu ponosa, i postanete ponizna osoba kako bi uživali u prosperitetnom i radosnom životu. Zato je Isus rekao: „Ako se ne povratite i ne budete kao deca, nećete ući u carstvo nebesko"(Jevanđelje po Mateju 18:3). Ako osoba postane ponosna u srcu, i misli da je uvek u pravu, i stalno pokušava da odbrani svoje samopouzdanje, i uključuje svoje misli, onda ne može da prihvati Božiju reč tačno onako kakva je i deluje u skladu sa tim, zato i ne može ni primiti spasenje.

Ponos lažnih proroka

Ako pogledate Stari Zavet, videćete trenutke kada su kraljevi pitali proroke o budućim događajima, a zatim postupali u skladu sa njihovim savetima. Kralj Ahab je bio sedmi kralj severnog kraljevstva Izraela, a u trenutku njegove smrti, u zemlji, obožavanje Vala je dominiralo, a na strani ispred, rat agresije sa Aramom bio je u punom ubrzanju. To je rezultiralo Ahabovom odbijanju da posluša upozorenja proroka Miheja, a umesto toga je verovao rečima lažnih proroka.

U 1. Knjizi Kraljevima, u poglavlju 22, kralj Ahab pita Kralja Jošafata od Judina da mu se pridruži u vraćanju Ramota galadskog iz ruku kralja Arama. U to vreme, kralj Josafat, koji je voleo Boga, predložio je da se prvo konsultuju sa prorokom, da traže Božju volju, pre donošenja bilo kakve odluke. Zatim, kralj Ahab je sazvao oko četiri stotinesto lažnih proroka koji su mu uvek laskali, i pitao ih je za savet. Oni su jednoglasno prorekli pobedu Izraela.

Međutim, Mihej, pravi prorok, prorekao je da će biti poraz. Na kraju, Mihejevo proročanstvo je ignorisano, a dva kralja su se udružila i otišla u rat sa Aramom. Kakav je bio rezultat? Rat je završen bez pobede na obe strane. I kralj Ahab se, kada je bio sateran u ćošak, prerušio u vojnika ne bi li se izvukao sa ratišta, ali je zadobio udarac slučajne strelice i umro je od gubitka krvi. To je bila posledica je Ahabovog slušanja proročanstava lažnih proroka, a ne slušanje proročanstva Miheja, pravog proroka. Lažni proroci i lažni učitelji će dobiti Božiji sud. Oni će biti bačeni u Pakao-u jezero sumpora, što je sedam puta toplije nego u ognjeno jezero (Otkrivenje Jovanovo 21: 8).

Pravi prorok sa kojim Bog prebiva ima pravo srce pred Bogom, i na taj način, on je sposoban da proriče ispravno proročanstvo. Lažni proroci, koji samo pompezno nose ime ili poziciju, će izraziti svoje mišljenje, kao da je proročanstvo i voditi svoj narod u propast, ili izvesti svoje ljude na stranputicu. Bilo da se u okviru institucije porodice, zemlje ili crkve, ukoliko slušamo reči dobrog i pravog lica, mi ćemo doživeti mir prateći dobrotu. Ali, ako pratimo put zlih osoba, doći ćemo do iskustva patnje i razaranja.

Osuda za ljude koji čine sa ponosom i zlobom

1. Timoteju Poslanica 6:3-5 kaže: „Ako li ko drugačije uči, i ne pristaje na zdrave reči Gospoda našeg Isusa Hrista i na nauku pobožnu, nadu se ne znajući ništa, nego bolujući od zapitkivanja i praznih prepiranja, oda šta postaje zavist, svađa, huljenje, zle misli, zaludna prepiranja onakvih ljudi koji imaju um izopačen i nemaju istine, koji misle da je pobožnost trgovina."

Božija Reč sadrži svu dobrotu; zbog toga nije potrebna nikakva druga doktrina. Zato što je Bog savršen i dobar, samo Njegovo učenje je istina. Međutim, uobraženi ljudi, ne znajući istinu, govore o različitim doktrinama argumentovanjem i hvaljenjem sebe. Ako podignemo „kontroverzna pitanja," mi tvrdimo da samo mi u pravu. Ako imamo „osporavanje rečima" to znači da podižemo svoje glasove i raspravljamo se rečima. Ako imamo „zavist," to znači da želimo nanesti štetu nekome, ukoliko dobiju više ljubavi nego mi. Mi izazivamo „sukob" ukoliko se uključimo u argumente koji donose razdor među ljude. Ako smo postali umišljeni na ovaj način, naša srca postaju korumpirana, a mi činimo dela tela-koje Bog mrzi.

Dakle, ako se ponosna osoba ne pokaje i ne vrati svojim putevima, Bog će okrenuti Svoje lice od njega, i on će dobiti presudu. Bez obzira koliko on viče, „Gospode, Gospode," i priznaje da veruje u Boga, ako se ne pokaje i ako nastavlja da čini zlo, na Sudnjem danu, on će biti bačen u vatru pakla zajedno sa svom drugom plevom.

Blagoslovi pravednih koji se plaše Boga

Osoba koja istinski veruje u Boga će razbiti svoj ponos i zla dela, da bi postao pravedan čovek koji se boji Boga. Šta to znači da se boje Gospoda Boga? Poslovice 8:13 govore: „Strah je GOSPODNJI mržnja na zlo; ja mrzim na ponositost i na oholost. I na zli put i na usta opaka." Ako mi mrzimo zlo i odbacimo sve oblike zla, mi smo postali ljudi koji u Božjim očima deluju u pravednosti.

Za ovakve ljude, Bog proliva Njegovu obilnu ljubav i daruje ih spasom, odgovora na molitve i blagosilja ih. Bog je rekao: „A vama, koji se bojite imena mog, granuće Sunce pravde, i zdravlje će biti na zracima Njegovim, i izlazićete i skakaćete kao teoci od jasala. I izgazićete bezbožnike, jer će oni biti pepeo pod vašim nogama u dan kad ja učinim," veli Gospod nad vojskama" (Malahija 4:2-3).

Za one koji se boje Boga i Njegove komande, koje se odnose na svaku osobu (Knjiga Propovednika 12:13), Bog ih blagosilja bogatstvom, čašću i životom (Poslovice 22: 4). Zbog toga oni dobijaju odgovore na molitve, ozdravljenja i blagoslove, tako da mogu poskočiti okolo kao telad iz staje, i uživati istinsku radost. U Izlasku 15:26, Bog je rekao: „Ako dobro uzaslušaš glas GOSPODA Boga svog, i učiniš što je pravo u očima Njegovim, i ako prigneš uho k zapovestima Njegovim i sačuvaš sve uredbe Njegove, nijednu bolest koju sam pustio na Misir neću pustiti na tebe; jer sam ja GOSPOD, lekar tvoj." Dakle, bez obzira na vrstu bolesti koja se nađe na putu, osoba koja se boji Boga će dobiti isceljenje i zdrav život, i na kraju, on će ući u raj i uživati večnu čast i slavu. Zbog toga moramo pažljivo pregledati sebe. I ako nađemo neke oblike ponosa i zla u nama, trebalo bi da se pokajemo i okrenemo od tih zlih puteva. Na kraju, hajde da postanemo pravedni ljudi koji se boje Boga poslušno i sa poniznošću.

Poglavlje 15

O grehu, pravednosti i osudi

„Nego vam Ja istinu govorim: bolje je za vas da ja idem, jer ako Ja ne idem, Utešitelj neće doći k vama; ako li idem, poslaću Ga k vama. „I kad On dođe pokaraće svet za greh, i za pravdu, i za sud; za greh, dakle, što ne veruju Mene; a za pravdu što idem k Ocu Svom; i više Me nećete videti; a za sud što je knez ovog sveta osuđen."
(Jevanđelje po Jovanu 16:7-11)

Ako mi verujemo u Isusa Hrista i otvorimo naša srca da bi Njega prihvatili kao našeg Spasitelja, Bog nam daje Svetog Duha kao dar. Sveti Duh nas vodi ka ponovnom rođenju i pomaže nam da razumemo Božju Reč. On deluje na mnogo načina, vodii nas da živimo u istini i dovodi nas do potpunog spasenja. Zbog toga, kroz Svetog Duha, moramo naučiti šta je greh i znati kako da uvidimo razliku između onoga što je ispravno i pogrešno.

Takođe, moramo naučiti kako da se ponašamo pravedno, kako bi ušli u raj i izbegli presudu pakla.

O grehu

Isus je pričao svojim učenicima o tome kako će on morati da umre prikovan za krst i o nevoljama sa kojima će učenici morati da se suoče. On ih je takođe ohrabrio govoreći im da će Njegovo Vaskrsenje i Vaznesenje na nebo slediti dolazak Duha Svetoga i svih divnih stvari koje će doći kao rezultat. Isusov uspon bio je neophodan korak za slanje Svetoga Duha, Utešitelja.

Isus je rekao da kada dođe Duh Sveti, On će suditi svetu u pogledu greha, pravednosti i suda. Onda, na šta se misli da će Sveti Duh: „pokarati svet za greh?" Kao što je zapisano u Jevanđelju po Jovanu 16:9: „za greh, dakle, što ne veruju Mene," ne verovanje u Isusa Hrista jeste greh, a ovo znači da ljudi koji ne veruju u Njega će se suočiti sa konačnim sudom. Zašto je onda neverovanje u Isusa Hrista greh?

Bog ljubavi poslao je svog jedinog Sina, Isusa Hrista, u ovom svetu da otvori put spasenja za čovečanstvo, koje je postalo rob greha zbog neposlušnosti Adama. Umiranjem na krstu, Isus je izbavio čovečanstvo od svih grehova, otvorio vrata spasenja i postao je jedan i jedini Spasitelj. Stoga, ne verujući u ove stvari, znajući ih, samo po sebi je greh. I osoba koja ne prihvata Isusa Hrista kao svog Spasitelja ne može da dobije oproštaj greha, i on ili ona će ostati grešni.

Zašto On sudi o grehu

Mi vidimo da postoji Stvoritelj Bog samo gledajući u sve što je stvoreno. Poslanica Rimljanima 1:20 kaže: „Jer šta se na Njemu ne može videti, od postanja sveta moglo se poznati i videti na stvorenjima, i Njegova večna sila i božanstvo, da nemaju izgovora." To znači da niko ne može da ima izgovor da ne veruje jer nije upoznao Boga.

Čak i mali ručni sat se ne može samo desiti slučajno bez ljudskog kreatora i proizvođača. Kako bi se onda najsloženiji i najkompleksniji svemir, upravo slučajno formirao sam po sebi? Samo posmatrajući svemir, čovek može otkriti Božju božansku i večnu silu.

I u današnje vreme, Bog pokazuje sebe ispoljavanjem znakova i čudesa kroz ljude koje On voli. Mnogi ljudi danas su verovatno doživeli da barem jednom budu preobraćeni od nekog da veruju u Boga, jer On je stvaran. Neki ljudi su možda čak lično bioli svedoci čuda, ili čuli o tome od svedoka iz prve ruke. Ukoliko, čak i nakon što je čuo o tim znacima i čudima, čovek ne veruje, jer mu je srce otvrdlo, onda će na kraju ići putem smrti. To je ono što znači kad Pismo kaže da će Sveti Duh „će suditi svetu u pogledu greha."

Razlog zašto ljudi ne prihvataju evanđelje je obično zato što žive život greha, dok jure za svojim pogodnostima. Misleći da je ovaj svet sve, oni ne mogu da verujem u Raj i večni život. U Jevanđelju po Mateju, u poglavlju 3, Jovan Krstitelj vapi za ljude da se pokaju, za carstvo nebesko koje je blizu. On takođe kaže: „Već i sekira kod korena drvetu stoji; svako dakle drvo koje ne rađa dobar rod, seče se i u oganj baca," (stih 10), i „Njemu je lopata u ruci Njegovoj, pa će otrebiti gumno svoje, i skupiće pšcnicu svoju u žitnicu, a plevu će sažeći ognjem večnim" (stih 12).

Farmer seje, neguje i žanje plodove. On zatim odnosi žito u štalu i odbacuje plevu. Bog radi na isti način. Bog gaji čovečanstvo i on vodi u večni život decu koja žive u istini. Ako oni jure po svetu i ostaju grešnici, on mora da ih ostavi na miru da idu na put uništenja. Dakle, da bi postali žito i primili spasenje, moramo postati pravedni i pratiti Isusa Hrista s verom.

O pravednosti

Pod Božjem proviđenjem, Isus je došao na ovaj svet i umro na krstu kako bi se rešio čovekov problem greha. Međutim, on je bio u stanju da prevaziđe smrt, uskrsne, i uzdigne se na nebo, jer je imao originalni greh, bez posvećenih grehova i On je živeo u pravednosti. U Jevanđelju po Jovanu 16:10, Isus je rekao: „A za pravdu što idem k Ocu svom; i više me nećete videti..." Postoji razumljivo značenje sadržano u ovim rečima.

Jer nije Isus imao greha ikakvog, bio je u stanju da ispuni svoju misiju za dolazak na ovaj svet-On nije mogao da bude vezan za smrt, i On je vaskrsao. On je takođe išao pred Bogom Ocem u cilju dobijanja Raja kao prvog ploda vaskrsenja. To je ono što on naziva „pravednost." Dakle, kada prihvatamo Isusa Hrista, primamo dar Svetog Duha i dobijamo ovlašćenje da postanemo Božja deca. Prihvatanjem Isusa Hrista udaljavamo se od dece đavola i idemo ponovnom rođenju kao sveta Božja deca.

To je ono što znači da primimo spasenje tako što se nazivamo

„pravednim" kroz veru. To nije zato što smo uradili nešto što zaslužuje spasenje. Mi primamo spasenje samo kroz veru i mi ne plaćamo cenu. To je razlog zašto uvek treba biti zahvalan Bogu i živeti u pravednosti. Mi možemo povratiti sliku Božju kada se borimo protiv greha do tačke prolivanja krvi i izlivanja kako bi imitirali srce našeg Gospoda.

Zašto On sudi o pravednosti

Ako mi ne živimo u pravednosti, čak i nevernici nam se rugaju. Vera je potpuna kada je praćena delima, i vera bez dela je mrtva vera (Jakovljeva Poslanica 2:17). To je kad nevernici sude i osuđujue iz svoje perspektive, govoreći: „Kažeš da ideš u crkvu, a ipak piješ i pušiš? Kako možeš ići okolo grešan i prozivati sebe sledbenikom Hrista?!" Dakle, ako, kao vernik, vi primate Svetog Duha, ali ne živite pravednim životom, čime primate sud, to je ono što Pismo naziva „presuda o pravednosti."

U tom slučaju će Bog prekorit i disciplinovati Svoje dete kroz Svetog Duha, tako da neće nastaviti da živi život greha. Dakle, razlog zašto Bog dopušta određene vrste ispitivanja i teškoća da dođu porodicama nekih ljudi, na radna mesta, preduzećima, ili samima je da ih natera da žive kao pravedni muškarac i žena. Osim toga, zbog toga što neprijatelj đavo i Sotona iznose optužbe protiv njih, Bog mora da dozvoli suđenja u skladu sa duhovnim zakonom.

Pisari i fariseji su bili uvereni da su živeli u pravednosti, jer su mislili da znaju zakon vrlo dobro i strogo ga čuvaju. Ali nam Isus govori da će, ukoliko naša pravednost prevazilazi književnike i fariseje, nećemo ući u carstvo nebesko (Jevanđelje po Mateju

5:20). Samo zvanjem, „Gospode, Gospode," ne mora da znači da imamo spasenje. U cilju dostignuća Nebesa, moramo da verujemo u Gospoda iz središta naših srca, da odbacimo svoje grehe i da budemo usred pravednosti.

„Živeti u pravednosti" ne znači samo slušati Božije Reči i to kako da ga zadržimo u našim glavama kao puko znanje. To je postati pravedna osoba sa verom u našim srcima i delovanje u skladu sa Njegovom Rečju. Samo zamislite kako bi bilo da je Raj bio pun prevaranata, pljačkaša, lažova, preljubnika, ljubomornih ljudi, itd. Bog ne kultiviše čovečanstvo da bi plevu doveo na Nebesa! Božja namera je da donese pšenicu-pravednike na Nebesa.

O osudi

Jevanđelje po Jovanu 16:11 kaže: „...a za sud što je knez ovog sveta osuđen." Ovde „knez ovog sveta " označava neprijatelja đavola i Sotonu. Isus je došao na ovaj svet zbog greha čovečanstva. On je završio delo pravednosti i ostavio konačnu osudu. Ali isto tako može se reći da je konačna osuda već doneta, jer samo kroz veru u Isusa Hrista čovek može dobiti oproštaj grehova i spasenje.

Oni koji ne veruju, će na kraju otići u pakao, tako da je to kao da su već dobili svoju osudu. Zbog toga Jevanđelje po Jovanu 3:18-19 kaže: „Koji Njega veruje ne sudi mu se, a koji ne veruje već je osuđen, jer ne verova u ime jedinorodnog Sina Božijeg. A sud je ovaj što Videlo dođe na svet, i ljudima omile većma tama negoli Videlo; jer njihova dela behu zla."

Onda šta možemo učiniti da se izbegne primanje osude?

Bog nam je rekao da budemo trezveni, da delamo pravedno i da prestanemo grešiti (1 Korinćanima 15:34). On nam je takođe rekao da se uzdržimo od svakog oblika zla (1. Poslanica Solunjanima 5:22). Da bi delovali pravedno u Božijim očima, trebali bi se sigurno osloboditi od spoljašnjih grehova, ali takođe moramo odbaciti i svako najmanje zlo.

Ako mi mrzimo zlo i ako se obavežemo na dobrotu, možemo odbaciti grehe.

Možete pitati: „Jako je teško odbaciti čak i jedan greh; kako mogu izbaciti sve svoje grehe?" Mislite na ovaj način. Ako pokušate da izvučete korenje drveta jedno po jedno, veoma je teško. Ali, ako izvučete glavni koren, sve ostale manje grane korena će se automatski iskoreniti. Isto tako, ako se prvo fokusirate na oslobađanje najtežeg greha, postom i molitvom kad god to možete, možete odbaciti i druge grešne prirode takođe, zajedno sa tim jednim grehom.

Unutar srca osobe su požuda mesa, požuda očiju i hvaljen ponos života. Ovo su neki od brojnih oblika zla koje je došlo od neprijatelja đavola. Zato čovek ne može jednostavno da odbaci ove grehe samo svojom snagom. Zato Sveti Duh pomaže onima koji čine napore da postanu posvećeni i koji se mole. Zato što je Bog zadovoljan njihovim naporima, On će im podariti milost i snagu. Kada ove četiri stvari-milost i snaga od Boga, naši napori, kao i pomoć Svetog Duha deluju zajedno, onda definitivno možemo odbaciti naše grehe.

Da bi ovaj proces obavio, prvo moramo saseći požudu očiju. Ako je nešto neistina, veoma je korisno za nas da je ne vidimo, da je ne čujemo ili da čak biti ne budemo blizu nje. Recimo da je tinejdžer video nešto sramotno na snimku ili na televiziji. Zatim se kroz požudu očiju srce aktivira, a telesne želje u srcu postanu stimulisane. Onda to izaziva tinejdžera da smisli zle planove i kada se ovi planovi pretvore u akciju, mogu nastati sve vrste problema. To je razlog zašto je toliko važno za sve nas da sasečemo požudu očiju.

Jevanđelje po Mateju 5.48 kaže: „Budite vi dakle savršeni, kao što je savršen Otac vaš nebeski." A u 1. Poslanici Petrovoj 1:16, Bog govori: „Budite sveti, jer sam Ja svet." Neki ljudi mogu pitati: „Kako može neko postati savršen i svet kao Bog?" Bog želi da mi budemo sveti i savršeni. I da, ne možemo to ostvariti samo sopstvenim snagama. Ali, to je razlog zašto se Isus našao na krstu i zbog toga nam Sveti Duh, Utešitelj, pomaže. Samo zato što neko tvrdi da je prihvatio Isusa Hrista i poziva se na njega govoreći: „Gospode, Gospode," to ne znači da će otići na Nebesa. Mora odbaciti svoje grehe i mora živeti život pravednosti kako bi izbegao presudu i ušao na Nebesa.

Sveti Duh osuđuje svet

Onda, zašto će Sveti Duh doći da osudi svet za greh, pravednost i osudu? Zato što je svet pun zla. Baš kao kada planiramo nešto, znamo da postoji početak i kraj. Ako se osvrnemo na različite znakove u svetu danas, možemo videti da je kraj blizu.

Bog Stvoritelj nadgleda istoriju čovečanstva sa jasnim planom koji se odnosi na početak i kraj. Ako pogledamo tok u Bibliji, postoji jasna razlika između dobra i zla, i postoji jasno objašnjenje da greh vodi u smrt, a da pravednost vodi u večni život. Za one koji veruju u Boga, Bog ih blagosilja i boravi sa njima. Ali oni koji ne veruju u Njega na kraju dobijaju presudu i kreću putem smrti. Božji sud odavno nije u stanju mirovanja (2. Petrova Poslanica 2: 3).

Kao veliki potop u Nojevo vreme, i uništenje Sodome i Gomore za vreme Abrahama, kada je ljudska poročnost dostigla svoju granicu, Božji sud dolazi žestoko. Kako bi Izraelce oslobodio iz Egipta, Bog je dole poslao deset zla na Egipat. To je bila presuda za faraona zbog njegove arogancije.

I oko dve hiljade godina pre, kada je Pompeja postala toliko korumpirana ekstremnom perverzijom i dekadencijom, Bog je nju uništio prirodnom katastrofom vulkanskih erupcija. Ako posetite Pompeju danas, grad koji je bio pokriven vulkanskim pepelom i sačuvao se upravo onako kako je izgledao kada je uništen, jednim pogledom je moguće videti korupciju tog vremena.

Takođe, u Novom Zavetu, Isus je jednom zapretio licemernim književnicima i farisejima ponavljajući „Jadni ste" sedam puta. Da bi se svet sačuvao strašnog suda i Pakla, on mora biti osuđen i prekoren.

U Jevanđelju po Mateju, u poglavlju 24, učenici pitaju Gospoda o znakovima Njegovog dolaska i o kraju tog doba. Isus im je detaljno objasnio govoreći da će, bez presedana, velika nevolja doći. Bog neće otvoriti vrata neba i izliti vodu ili vatru kao što je učinio u prošlosti, ali On će doneti presudu koja je u skladu sa tim vremenom.

Knjiga Otkrivenja Jovanovog prorokuje da će se najnovija

oružja pojaviti, i biće velika materijalna razaranja nezamislivo velikog rata. Sada kada Božji plan za ljudski rast dođe do kraja, Velika Presuda će doći. A kada dođe taj dan, tu će biti presuda, da li će neko večno živeti u paklu, ili večno na nebesima. Pa, kako bi smo da živimo sada?

Odbacite greh i živite život u pravednosti

Da bi se izbegla presuda, moramo odbaciti svoje grehe i živeti u pravednosti.

I ono što je još važnije je da svaka osoba mora zaorati svoje srce Rečju Božjom, kao što seljak svoje polje ore. Moramo da oremo pored puta, na kamenitom tlu, i trnovitu zemlju pretvori u dobro, plodno zemljište.

Ali, ponekad se pitam: „Zašto je to, da Bog ostavlja nevernike same, a ipak On dozvoljava takvim teškoćama da dođu do mene, vernika?" To je zato što, kao kad buket cveća izgleda lepše bez korena, ali zapravo nema života, tako i nevernici već stoje osuđenii i ići će u pakao, tako da ne moraju biti disciplinovani.

Razlog zbog čega nas Bog disciplinuje, je zato što smo Njegova prava deca, a ne vanbračna deca. Zbog toga, mi bi radije da budemo zahvalni za njegovo disciplinovanje (Poslanica Jevrejima 12: 7-13). Kao što roditelji disciplinuju svoju decu, jer ih vole i žele da ih izvedu do na pravi put, čak i ako to znači davanje batina, jer smo Božja deca, kada je to potrebno, Bog će omogućiti određenim teškoćama da dođu do nas, kako bi nas poveo u spasenje.

Knjiga Propovednika 12:13-14 kaže: „Glavno je svemu što si čuo: Boga se boj, i zapovesti Njegove drži, jer to je sve čoveku. Jer će svako delo Bog izneti na sud i svaku tajnu, bila dobra ili zla" (KJV). Živeti pravedno znači sprovođenje svih čovečjih dužnosti u našem životu. Pošto nam Božija Reč kaže da se molimo, treba da se molimo. Jer On nam govori da zadržimo Gospodnji dan svetim, i mi ga trebamo držati svetim. A kada nam kaže da se ne sudi, ne treba suditi. Na taj način, kada održavam Reč i delujemo u skladu sa njom, primamo život i krećemo putem večnog života.

Zbog toga, nadam se da ćete upisati sve ove poruke u vaša srca, da postanete žito koje nosi duhovnu ljubav opisanu u 1. Korinćanima Poslanici u poglavlju 13, devet plodova Svetog Duha (Poslanica Galaćanima 5: 22-23), i blagoslove blaženstva (Jevanđelje po Mateju 5: 3-12). Molitvu u ime Gospoda, kojom na taj način nećete samo primiti spasenje, već ćete postati Božija deca koja sijaju poput sunca u kraljevstvu nebeskom.

Autor
Dr. Džerok Li

Dr. Džerok Li je rođen u Muanu, Džeonam provinciji, Republika Koreja, 1943. godine. U svojim dvadesetim, Dr. Li je sedam godina patio od mnoštva neizlečivih bolesti i iščekivao smrt bez nade za oporavak. Međutim jednog dana u proleće 1974. god, njegova sestra ga je odvela u crkvu i kad je kleknuo da se pomoli, živi Bog ga je momentalno izlečio od svih bolesti.

Od trenutka kad je Dr. Li sreo živog Boga kroz to divno iskustvo, on je zavoleo Boga svim svojim srcem i iskrenošću, a u 1978. god., je pozvan da bude sluga Božji. Molio se revnosno uz nebrojene molitve u postu kako bi mogao jasno da razume volju Božju, u potpunosti je ispuni i posluša Reč Božju. Godine1982. je osnovao Manmin centralnu crkvu u Seulu, Koreja i bezbrojna dela Božja uključujući čudesna isceljenja, znaci i čuda se ot tada dešavaju u njegovoj crkvi.

U 1986. god. Dr. Li je zareden za pastora na godišnjem Zasedanju Isusove Sungkjul crkve Koreje i četiri godine kasnije u 1990.god. njegove propovedi su počele da se emituju u Australiji, Rusiji i na Filipinima. U kratko vreme i u mnogim drugim zemljama, preko Radio difuzne kompanije Daleki Istok, Azija radio difuzne kompanije i Vašingtonskog hrišćanskog radio sistema.

Tri godine kasnije, 1993. god., Manmin centralna crkva je izabrana za jednu od „Svetskih top 50 crkava" od strane magazina Hrišćanski svet (Christian World) a on je primio počasni doktorat bogoslovlja od Koledža hrišćanske vere, Florida, SAD i 1996.god. Doktorat iz Službe od Kingsvej teološke bogoslovije, Ajova, SAD.

Od 1993.god., dr. Li prednjači u svetskoj evangelizaciji kroz mnogo inostranih pohoda u Tanzaniji, Argentini, Los Anđelesu, Baltimoru, Havajima i Nju Jorku u Sjedinjenim Američkim Državama, Ugandi, Japanu, Pakistanu, Keniji, Filipinima, Hondurasu, Indiji, Rusiji, Nemačkoj, Peruu, Demokratskoj Republici Kongo, Izraelu i Estoniji.

U 2002. godini bio je priznat kao „svetski obnovitelj" zbog njegovih snažnih sveštenićkih službi u mnogim prekomorskim pohodima od strane hrišćanskih novina u Koreji. Izvanredan je bio njegov „Njujorški pohod 2006. god" održan u Medison skver gardenu, najpoznatijoj svetskoj areni. Događaj je prenosilo 220 nacija a na njegovom „Pohodu ujedinjeni Izrael 2009. god." održanom u Međunarodnom kongresnom centru (ICC) u Jerusalimu on je hrabro oglasio da je Isus Hrist Mesija i Spasitelj.

Njegove propovedi emitovane su za 176 nacija putem satelita uključujući GCN TV i bio je svrstan kao jedan od top 10 najuticajnijih hrišćanskih vođa 2009. i 2010. godine od strane popularnog Ruskog hrišćanskog časopisa U pobedu (In Victory) i nove agencije Hrišćanski telegraf (Christian Telegraph) za njegovu moćnu svešteničku službu TV emitovanja i njegove inostrane crkveno pastorske službe.

Od Decembra 2016 god., Manmin Centralna Crkva ima zajednicu od preko 120 000 članova. Postoji 11000 ogranaka crkve širom planete uključujući 556 domaćih ogranaka crkve i do sad više 102 misionara su opunomoćena u 23 zemlje, uključujući Sjedinjene Države, Rusiju, Nemačku, Kanadu, Japan, Kinu, Francusku, Indiju, Keniju i mnoge druge.

Do datuma ovog izdanja Dr. Li je napisao 105 knjiga, uključujući bestselere: Probanje Večnog života pre smrti, Moj život Moja vera I & II, Poruka sa krsta, Mera vere, Nebo I & II, Pakao i Moć Božja. Njegove knjige su prevedene na više od 76 jezika.

Njegove Hrišćanske rubrike se pojavljuju u Hankok Ilbo, JongAng dnevniku, Dong-A Ilbo, Munhva Ilbo, Seul Šinmunu, Kjunghjang Šinmun, Hankjoreh Šinmun, Korejski ekonomski dnevnik, Koreja glasnik, Šisa vesti, i Hrišćanskoj štampi.

Dr. Li je trenutno na čelu mnogih misionarskih organizacija i udruženja. Pozicije uključuju: Predsedavajući, Ujedinjene svete crkve Isusa Hrista; predsednik, Manmin svetska misija; stalni predsednik, Udruženje svetske hrišćanske preporodne službe; osnivač i predsednik odbora, Globalna hrišćanska mreža (GCN); osnivač i član odbora, Mreža svetskih hrišćanskih lekara (WCDN); i osnivač i član odbora, Manmin internacionalna bogoslovija (MIS).

Druge značajne knjige istog autora

Raj I i II

Detaljna skica predivne životne okoline u kojoj rajski stanovnici uživaju i prelepi opisi različitih nivoa nebeskih kraljevstva.

Moj Život, Moja Vera I i II

Najmirisnija duhovna aroma izvučena iz života koji je cvetao sa neuporedivom ljubavlju za Boga, u sred crnih talasa, hladnih okova i najdubljeg očaja.

Probanje Večnog Života pre Smrti, Moj Život

Zavetni memoari Dr. Džeroka Lija, koji je rođen ponovo i spašen iz doline senke smrti, i koji vodi primeren Hrišćanski život.

Mera Vere

Kakvo mesto stanovanja, kruna i nagrade su spremne za vas u raju? Ova knjiga obezbeđuje mudrost i smernice za vas da izmerite vašu veru i gajite najbolju i najzreliju veru.

Pakao

Iskrena poruka celom čovečanstvu od Boga, koji ne želi da ijedna duša padne u dubine Pakla! Otkrićete nikad do sad otkriveni iskaz o okrutnoj stvarnosti Nižeg Hada i Pakla.

www.urimbooks.com

www.ingramcontent.com/pod-product-compliance
Lightning Source LLC
LaVergne TN
LVHW012012060526
838201LV00061B/4281